Pour Ian-Li,pour les enfants du monde qui, au delà de leurs différences,
nous offrent des rêves.
Pour ces enfants Indiens de l'Amérique du Nord qui nous racontent
leurs plus belles histoires.

Parler de personnes que l'on a eu la chance de rencontrer ne peut se faire
sans le respect profond qu'elles nous ont inspiré.
Qu'elles en soient remerciées.

Un tel ouvrage ne se résume pas à de l'écriture. Il faut de la complicité, du soutien.
Merci donc aux Éditions Milan et particulièrement à Sylvie Jos,
compagne de route infatigable et fidèle,
mais aussi à Marie Jo Pince et Bernard Garaude.
Merci à Francis Geffard qui me les a fait connaître.

Crédit illustrations

Marc Ingrand 48-49, 72, 75, 76, 78, 113(h), 121(b), 124-125, 126, 128-129(m), 131, 133(md), 135(mg), 154, 160, 191, 197, 203, 205, 218-219
Jean-Pierre Joblin 24-25, 26, 32, 36, 38, 39(h), 51, 65(m), 67, 87, 97, 109, 112, 114(d), 115(h), 117(m), 127, 139, 142, 143, 149, 166, 170-171, 172-173, 174, 182, 188(h), 209, 210
Nathalie Locoste 18, 28, 34, 35, 50(b), 60-61, 70(g), 98, 99, 114-115(m), 132(g)
Gérard Macario 15, 20-21, 30-31, 45, 62-63, 92-93, 103, 106-107, 138, 156-157, 158-159, 176-177, 184-185, 206
Christian Mauclerc 16-17, 42-43, 54-55, 85, 101, 104, 129(hd), 132-133(b), 140-141(m), 179, 195
Georges Rivière 153, 165, 188(b), 201 / **cartes** 12-13, 14, 17, 18, 21, 22, 26, 28, 30, 32, 35, 38, 46, 47, 58, 139, 140, 143, 144, 146, 148, 157, 171, 182-183, 187, 200, 212 / **infographie** 15, 32, 61(b), 66-67(m), 72-73(m), 82-83, 100, 112-113, 116-117, 118-119, 148-149(m), 191, 204
Yago 21(h), 39(md), 50(h), 52-53, 66, 141(d), 178

Crédit photographique

Leemage 12 ; 18 ; 22(b) ; Selva 44(d), 91(h), 169(h), 179, 53(b) ; Fototeca 58-59, 139(d), 145(h) ; Bianchetti 148(h) ; Costa 148(b)
Corbis Bettmann 14(h), 90(b), 93, 100, 142, 143, 144, 152, 154, 157, 170, 171, 175, 185, 189, 190(h), 195(b), 196, 196-197(h), 208, 209(h), 209(b), 216(h) ; Rob Howard 14(b) ; Michael Maslan Historic Photographs 15 ; Graham Tim/Sygma 17 ; Nathan Benn 19(b) ; Brian A. Vikander 22(h) ; Sohon 28 ; Steve Terill 28/29 ; Stapleton collection 29(b) ; Swift/Vanuga Images 30 ; J. K. Hillers 31 ; Danny Lehman 33(h), 74, 96(h), 124 ; Geoffrey Cléments ; Lake County Muséum 33(b), 50, 105(b), 130(h) ; David Muench 34, 36(b), 64, 84-85, 116-117 ; Pete Saloutos 37(b) ; Nik Wheeler 39 ; Christie's Images 43(h), 44(g), 104 134-135(b) ; C. &J. Lenars 45(h), 46, 51, 52(h), 52(b) ; Hulton-Deutsch Collection 54, 90(h) ; Underwood & Underwood 61, 194(h) ; Werner Forman 63, 79(h), 83, 113(b) ; Tom Bean 70-71, 76-77(m) ; Joe Cajero/Ainaco 71(b), 89(h), 73(h), 75(h) ; Buddy Mays 75(m), 77(h) ; George H. H. Huey 84 ; Ted Spiegel 89(b) ; E. S. Curtis 98(b), 101 ; Stuart Westmorland 102(h) ; John Conrad 116(b) ; W. Wayne Lockwood, M.D. 121(h) ; Bob Rowan/Progressive Image 125 ; Peter Beck 126(h) ; Kevin R. Morris 127(b) ; Rie Ergenbright 128(h) ; Museum of the city of New York 146 ; R. McCain 155(b), 166-167(h), 167(b), 168(g) ; Lowell Georgia 174-175, 186(h), 187(h), 186-187(b), 190(b), 191(b), 192(h), 193(h) ; Ainaco 192-193(b) ; Pemco-Webster & Stevens Collection/Museum of History and Industry, Seattle 194(b) ; Owens Franken 197(b) ; Tira Thompson 200, 204(h) ; Galen Rowell 201 ; Ed Kashi 202(h), 206(h) ; Charles E. Rotkin 202(b) ; James Marshall 203(g) ; Craig Aurness 205(h) ; Dean Conger 207(h) ; Wally McNamee 210 ; Peter Turnley 211(h), 211(b) ; Christopher J. Morris 212-213(m) ; Bassouls Sophie/Sygma 215(h), 215(b) / **Colibri** 16, 20, 67, 112, 114, 115, 119(hg), 119(hm), 119(hd), 119(bg), 119(bm), 119(bd), 120(g), 120(d), 121(bg) / **AKG** 19(h) ; Werner Forman 27(bd), 73(b), 82, 86(h), 88-89(b), 126(b), 131(h), 135(h) ; G. Catlin 27(mg), 88(h), 36(h), 37(h) ; E. S. Curtis 38(b), 98(h), 132, 133 ; G. E. Trager 42-43(b), 45(m) ; Peter Groma 47 ; Karl Bodmer 64-65(b), 91(b) ; Louis Heller 77(b), 79(b) ; Rabatti-Domingle 86(b), 96(b) ; Paul Almasy 97, 102(b), 213(d) ; François Guénet 134(h), 140(h), 140(b), 145(b), 155(h) ; Eric Lessing 164(h), 164(b), 176, 177(g), 178, 183 / **Photos12.com** ARJ 22/23(m), 138-139(h) ; Wild West 27(hd), 42(h), 168-169(m) ; Hachedé 108-109(b) ; Collection cinéma 214, 216(m), 216-217(m), 217(d), 217(b) / **Bridgeman** Stapleton collection 23(d), 29(h), 53(h), 55, 129(b) ; Boltin Picture Library 38(m) ; Service historique de la marine, France, Lauros/Giraudon 105(h) ; Walters Art Museum, Baltimore, USA 108(h), 165(b) ; Bibliothèque nationale, France, Lauros/Giraudon 109(h) ; Library of Congress, Washington D.C , USA, 128(b) ; Archives Charmet 147(b) ; Private collection 147(h) / **R. Beugné** 30/31(m), 160(hg) / **F. Perriot** 35(m), 65, 70(b), 122(bd), 130(b), 153, 174, 177(d), 184
Paul Dix 207(b) / **Milan** 160, 161 / **Reuters** /MollyRiley 203(bd)

Crédit couverture

Photo 12 (ph. chef) ; Colibri (ph. totem, loup, aigle) ; Gérard Macario (ill. tipi) ; Corbis (ph. indien à cheval, paysage, masque) ; C. Mauclerc (ph. cree, femme cree) ; Yago (ill. bouclier) ; Leemage (ph. indien) ; Nathalie Locoste (ill. poupée)
4e de couverture, de haut en bas Yago (ill. coutelas) / C. Mauclerc (ph. vannerie) ; Corbis (ph. Custer, ph. Géronimo, ph. Cheval) ; J.-P. Joblin (indien)

Conception graphique et montage : Georges Rivière, Studio Stéphan Arcos
Correction : Hélène Duffau
Photogravure : Graphocoop 47 Agen

300, rue Léon-Joulin, 31101 Toulouse Cedex 9, France

Loi 49.956 du 16.07.1949 sur les publications destinées à la jeunesse.

Dépôt légal : 1er trimestre 2012
ISBN : 978-2-7459-5516-6
Imprimé chez TWP à Singapour.

Les Encyclopes

Les Indiens d'Amérique du Nord

Françoise Perriot

Illustrations :

Marc Ingrand, Jean-Pierre Joblin, Nathalie Locoste, Gérard Macario, Christian Mauclerc, Georges Rivière, Yago

MILAN

Sommaire

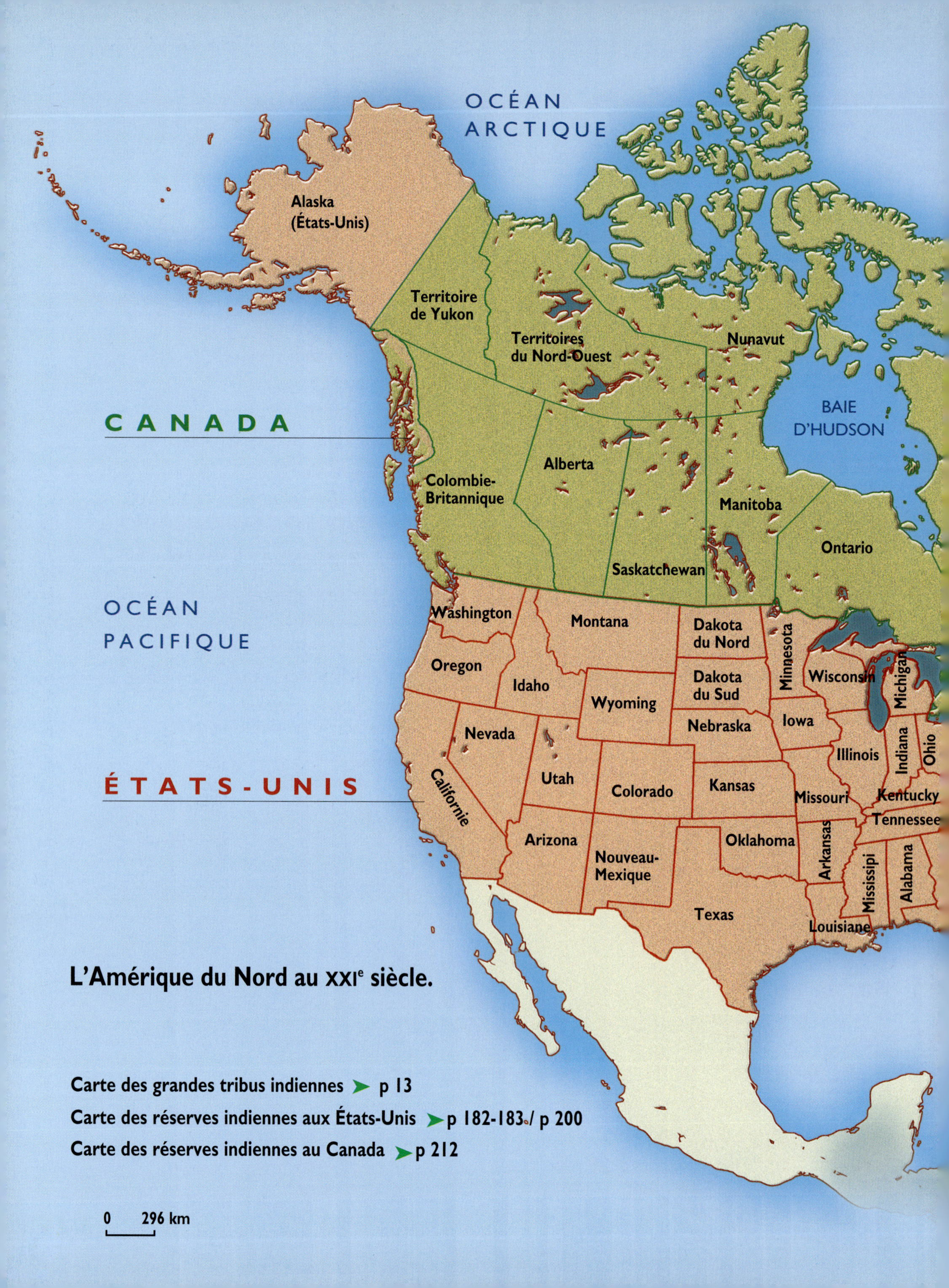

L'Amérique du Nord au XXIe siècle.

Carte des grandes tribus indiennes ➤ p 13
Carte des réserves indiennes aux États-Unis ➤ p 182-183 / p 200
Carte des réserves indiennes au Canada ➤ p 212

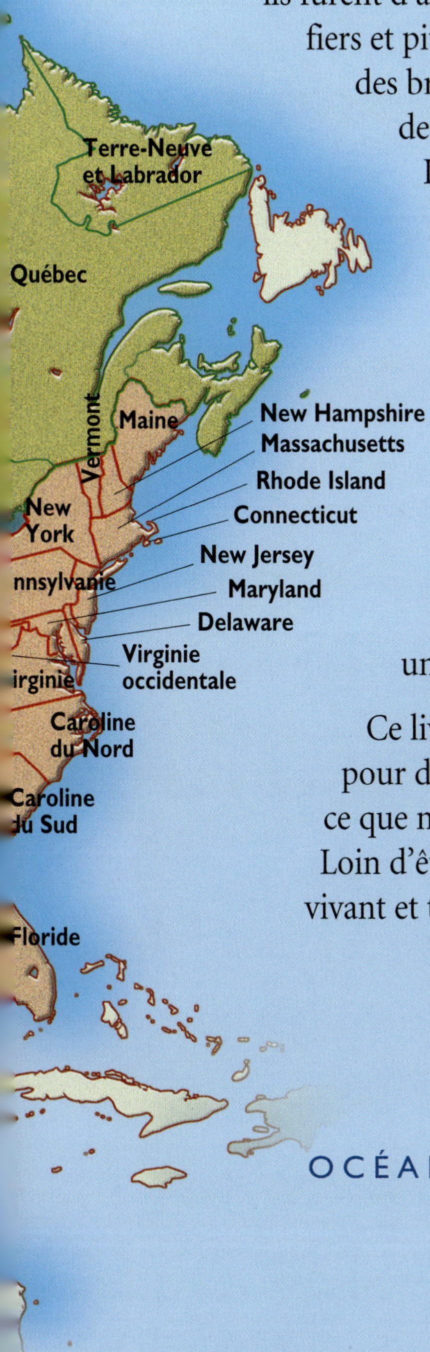

En 1492, Christophe Colomb ouvrait la porte d'un monde inconnu et grandiose. Depuis cette date, l'Amérique et les Indiens n'ont cessé de hanter l'imaginaire des Européens. Les Indiens inspirèrent les écrivains, les peintres, les cinéastes : ils furent d'abord décrits, avec un respect condescendant, comme des peuples fiers et pittoresques dont il fallait conserver le souvenir, puis comme des brutes sanguinaires quand ils se révoltèrent contre la colonisation de leurs territoires, avant d'être idéalisés en victimes du destin. Ils devinrent alors de « nobles sauvages » en voie de disparition. En réalité, nous n'avons, trop souvent, qu'une vision déformée et fragmentée du monde des Indiens d'Amérique du Nord. Leur univers est si riche en civilisations différentes, en mythes fabuleux, en personnages hors du commun, qu'il n'a pas fini de nous étonner et de nous émerveiller. Aucune population, sur aucun autre continent, n'a subi une vague d'immigration aussi massive et destructrice, au point d'être menacée d'extinction. Pourtant, alors que leur disparition semblait inéluctable, les Indiens sont toujours là. Ils survécurent aux pires tempêtes, tant ils sont profondément unis à leur terre sacrée, comme un grand arbre indéracinable.

Ce livre est une invitation à voyager au cœur de l'Amérique Indienne, pour découvrir que les Indiens sont beaucoup plus surprenants que ce que nous racontent le cinéma, les romans et les bandes dessinées. Loin d'être engourdi par des siècles d'histoire, leur univers est toujours vivant et tourné vers l'avenir, avec une promesse d'éternité.

Les territoires indiens

Habitant des zones géographiques variées, les peuples indiens adoptèrent des modes de vie très divers. De cultures différentes, ils parlaient de nombreuses langues et dialectes. Les tribus furent classées, par régions, en fonction de ces langues et de ces cultures.

Mille et une tribus

Le territoire indien était divisé en dix zones aux frontières délimitées par la géographie et le climat. Avant l'arrivée des Blancs, en 1492, la population indienne était estimée à 5 millions d'individus répartis en 500 tribus environ. En 1890, ils n'étaient plus que 250 000. Aujourd'hui, il y a 3 millions d'Indiens.

Au moins 300 langues !

Puisque les langues indiennes n'étaient pas écrites, les linguistes les analysèrent par rapport aux sons et aux sens, ils établirent des liens entre les mots, l'histoire des peuples, leur géographie, leurs migrations. Après des études de comparaison, ils les classèrent en plusieurs groupes, divisés en familles, elles-mêmes divisées en langues (qui portent généralement le nom de la tribu).

Des familles dans des groupes

Une famille linguistique consiste en 2 ou plusieurs langues reliées entre elles historiquement, provenant d'un langage commun très ancien appelé « groupe linguistique ». Le classement le plus utilisé est celui du linguiste Edward Sapir datant de 1929. Selon lui, il y a 6 grands groupes distincts : l'eskimo-aleut, l'algonquian-wakashan, le nadene, le penutian, l'hokan-siouan, et l'aztec-tanoan.

Ces 6 chefs indiens représentant différentes tribus ont été dessinés par un artiste anglais en 1859.

Zone 1 L'Arctique

Zone 2 Le Sub-Arctique

Zone 3 Le Nord-Est

Zone 4 Le Nord-Ouest

Zone 5 Les Plaines

Zone 6 Le Plateau

Zone 7 Le Grand Bassin

Zone 8 Le Sud-Est

Zone 9 Le Sud-Ouest

Zone 10 La Californie

D'ici ou d'ailleurs

Selon les Indiens, leurs tribus sont originaires d'Amérique du Nord : ce sont leurs divinités qui les ont créées là. Une théorie scientifique dit qu'ils seraient venus en vagues successives d'Asie, par le détroit de Béring, 25 000 ans av. J.-C. Une autre prétend que certains Indiens seraient arrivés des îles de l'océan Pacifique, par la mer.

Les grandes familles linguistiques

Chaque grand groupe est divisé en familles linguistiques, réparties parfois dans plusieurs États, car les tribus se sont déplacées tout au long de l'histoire.

Parmi les 6 grands groupes, le hokan-siouan comprend plusieurs familles dont le muskogéen, le siouan, l'iroquoien. On retrouve l'athapascan dans le groupe nadene.

Pour en savoir plus sur les langues, reporte-toi aux pages 58 et 59.

Les peuples du froid

En Arctique, à l'extrême nord du continent, Inuits et Aléoutes apprirent à vivre dans le territoire le plus inhospitalier qu'aient habité des humains. Leurs technologies, bien adaptées à leur environnement, ne furent guère modifiées lors des contacts avec les Blancs.

Maisons de glace

Les Inuits bâtissent leurs igloos en découpant des blocs de glace sur une zone qui, au fur et à mesure qu'elle est creusée, forme le sol de l'igloo. Le bâtisseur se trouve donc à l'intérieur des parois qu'il monte en spirale jusqu'à former une voûte parfaite. Restée à l'extérieur, sa femme projette de la neige sur les blocs de glace pour colmater les joints. La construction d'un igloo ne dure pas plus d'une heure.

Une terre extrême

Les Inuits et les Aléoutes maîtrisaient parfaitement le froid (neuf mois avec une température inférieure à 0 °C). Ils s'étaient adaptés à vivre trois mois d'été sous un soleil qui ne se couchait jamais et trois mois d'hiver dans une nuit permanente. L'hiver, les tribus habitaient des igloos et l'été des huttes, bien qu'en Arctique, dans la toundra herbeuse, le bois, indispensable pour construire des canoës ou des charpentes, soit très rare. Dans l'Ouest, les Indiens trouvaient de grandes quantités de bois d'épave sur les plages du fleuve Mackenzie et des arbustes près des rivières.

Alaska est un mot emprunté à la langue aléoute qui veut dire « la grande terre ».

Vivre sur la banquise

Pour survivre sur la banquise, ces tribus apprirent à déchiffrer les mouvements des glaces et les conditions météorologiques. Elles étudiaient régulièrement la quantité et les déplacements des mammifères marins et des poissons pour délimiter les meilleurs territoires de chasse. Les Inuits et les Aléoutes vivaient dans de petites communautés, parfois de deux familles, dispersées sur de grandes étendues.

Les descendants du loup

Le traîneau tiré par des chiens était le moyen de transport le plus utilisé par les Inuits. Pour protéger les pattes des animaux contre la glace coupante, ils leur confectionnaient de petites bottes.

Les Inuits et les saisons de chasse

Répartis en plusieurs tribus (Inuits Caribous, Inuits du Cuivre, Inuvialuit, Yupik…), ils parlaient plusieurs dialectes, issus de la même langue (inuit). Le calendrier de leurs activités et de leurs déplacements s'articulait autour de la chasse. L'hiver, ils chassaient les mammifères marins, phoques, baleines, à bord de leurs oumiaks. Parka et anorak, dont ils s'habillaient, sont des noms inuits. L'été, ils suivaient les troupeaux de caribous, à l'intérieur des terres.

Les habitations des Aléoutes ont pour charpente du bois flotté trouvé sur les berges ou même des os de baleine.

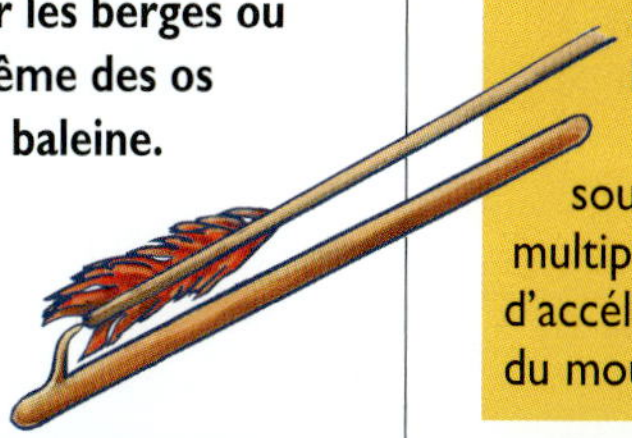

Redoutable

L'atlatl était utilisé pour lancer un javelot d'un mètre avec plus de puissance que le bras humain. Ce propulseur, souvent sculpté, multipliait l'effet d'accélération du mouvement.

Les Aléoutes, pêcheurs de baleines

Peuplant les îles Aléoutiennes, sur l'océan Pacifique, les Aléoutes, proches des Inuits, mais de langue différente (aleut), habitaient de grandes maisons communes, à moitié enterrées. Ils vivaient de la cueillette, de la pêche et surtout de la chasse aux animaux marins – dont les grandes baleines –, qu'ils pratiquaient à bord de leur baidarka. Comme les Inuits, ils confectionnaient des vêtements et des sacoches imperméables avec les intestins des phoques. Mais contrairement à eux, ils ne se servaient pas de traîneaux à chiens.

Des nobles et des esclaves

La société aléoute était divisée en 3 classes sociales : les nobles, les hommes ordinaires et les esclaves. Les esclaves étaient souvent des prisonniers faits au cours des guerres contre les villages voisins. Ils dormaient dans la maison de leur maître et étaient obligés de travailler pour ces derniers.

Un autre nom

Les tribus de l'Arctique ont rejeté le nom Esquimaux signifiant « mangeurs de viande crue » pour celui d'Inuits, qui veut dire « humains » dans leur langue.

Au pays du caribou

Les Indiens du Sub-Arctique chassaient le caribou sur un très vaste territoire. À l'est, les tribus algonquiennes se déplaçaient au rythme des saisons. À l'ouest, les Athapascans regroupaient eux aussi plusieurs peuples nomades.

LE CARIBOU AIME LE FROID
Le caribou possède des caractéristiques qui lui permettent de survivre là où d'autres cervidés (cerfs, élans, daims...) succomberaient : une fourrure très isolante, des sabots très larges pour marcher sur la couche de neige épaisse. Il y a 2 types de caribous : ceux des bois vivent en petits groupes et ceux de la toundra en immenses troupeaux.

Un territoire immense

L'immense région sub-arctique, qui s'étend sur toute la largeur du continent nord-américain, était le territoire d'une quinzaine de tribus à faible population. Malgré un climat uniforme, la végétation variait : au centre, une zone de conifères clairsemés appelée taïga, bordée au nord par la toundra sans arbre, et au sud, par une forêt boréale, constituée de feuillus et de prairies. Les Indiens suivaient les déplacements des animaux dont ils dépendaient, en particulier les caribous.

Les bandes tribales

Les Indiens du Sub-Arctique vivaient en petites bandes mobiles et indépendantes. Chacune était liée aux autres de la même tribu mais ne formait pas d'alliance politique. Les membres de la tribu pouvaient passer d'une bande à l'autre selon leur désir. L'autonomie de l'individu était très respectée.

DES PEAUX UTILES
L'été, les Indiens Crees portaient des habits confectionnés avec des peaux de bisons, l'hiver, ils préféraient celles des caribous. Quand le soleil était trop violent, les hommes se protégeaient les yeux avec une visière faite en cuir naturel.

Les Crees habitaient dans des tipis.

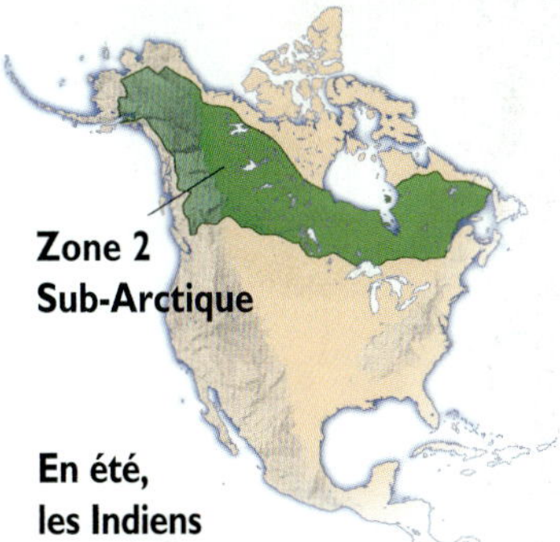

Zone 2
Sub-Arctique

En été, les Indiens du Sub-Arctique se réunissaient parfois pour participer à des chasses collectives ou célébrer des mariages.

Les Crees, une grande nation

La nation cree constituait un des plus grands groupes tribaux d'Amérique. Elle était divisée en plusieurs tribus (Crees des Bois, Crees des Plaines, Crees-Élan), de langue algonquienne. Entre eux, les Crees s'appelaient « Eeyou » (les vrais gens). Ces Indiens occupaient la plus grande partie du Sub-Arctique, du Québec à l'est, aux montagnes rocheuses à l'ouest. En hiver, les Crees s'installaient à l'intérieur des terres, se déplaçant sur la neige avec des raquettes et des traîneaux à chiens. L'été, ils choisissaient la proximité des fleuves et des lacs pour pêcher.

Jeune Indien Cree portant le costume traditionnel.

Les Athapascans, Loup ou Corbeau ?

Les différentes tribus athapascanes (Gwich'ins, Tutchones, Tagishs, Tananas, Tlingits, Kaskas) utilisaient divers types d'habitations : abris creusés, maisons en planches ou en écorce de bouleau et tentes en forme de dôme faites de peaux d'orignal ou de caribou. Chaque tribu se divisait en deux groupes : le Loup et le Corbeau. Les mariages entre gens du même groupe étaient interdits. Le lien de descendance se déterminait par la mère : si elle était du loup, l'enfant appartenait au groupe loup.

Épouser plusieurs femmes

La pratique de la polygamie (un homme épouse plusieurs femmes) était réservée aux hommes riches. De nombreux trappeurs français épousaient des femmes crees. Leurs enfants étaient appelés « Métis ». Ils furent si nombreux qu'ils formèrent une tribu métis. Leur propre langue, le michif, comportait des noms français et des verbes crees.

Les frères vents

Pour les tribus du Sub-Arctique, les vents étaient assimilés à 4 frères aux caractères différents. Le plus terrible, le vent du nord, amenait le froid et avait le pouvoir de punir les méchants. Le vent du sud, au contraire, était pourvoyeur de bonnes choses, comme les baies d'été. Celui de l'ouest, amical, aidait le chasseur, tandis que celui de l'est affamait les gens.

Sur la terre de Pocahontas

Ce wampun (ceinture), qui symbolise l'alliance de la confédération iroquoise et des 13 états américains, fut offert aux Iroquois par le gouvernement américain en 1794.

Nomades près des Grands Lacs, sédentaires au sud, les peuples du Nord-Est parlaient des langues issues de l'algonquien ou de l'iroquoien. Autour de leurs chefs, appelés « sachems », certaines de ces tribus étaient très puissantes : celles des Iroquois formèrent de redoutables alliances.

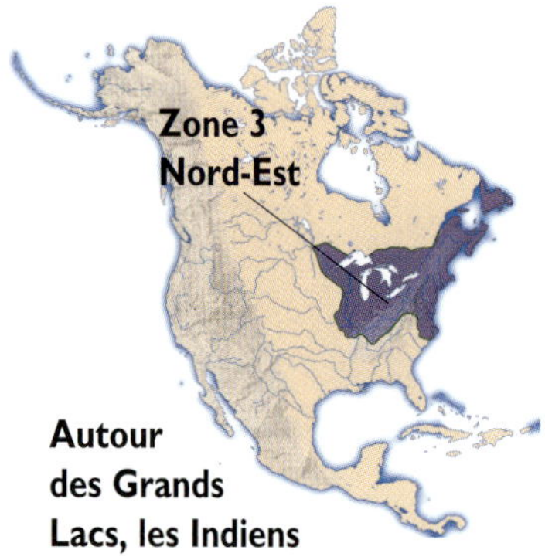

Autour des Grands Lacs, les Indiens étaient de langue algonquienne. Plus au sud, ils parlaient iroquoien.

Au nord des Grands Lacs

Les Abénakis, Algonquins, Micmacs, Nipissings et Ojibways menaient une vie nomade au nord des Grands Lacs, dans un climat trop froid pour pratiquer l'agriculture. Embarquant familles et chiens dans des canoës d'écorce, les petits groupes se déplaçaient sur les lacs, les fleuves et le long de la côte Atlantique. Le grand conseil des chefs et des anciens attribuait un territoire de chasse, de pêche et de cueillette à chaque groupe qui y installait des campements provisoires faits de wigwams, de grandes huttes recouvertes de plaques d'écorce de bouleau.

LÉGENDE OU RÉALITÉ ?

Fille de Wahunsunacok, puissant chef des Powhatans, Pocahontas avait 12 ans lorsqu'une colonie anglaise dirigée par le capitaine John Smith s'établit dans son pays. Elle joua un rôle de pacificatrice entre les siens et les Anglais, mais rien ne prouve qu'elle ait sauvé Smith de la mort comme le raconte la légende. Elle fit un mariage de raison avec John Rolfe, un riche Anglais, qui l'emmena dans son pays où elle mourut de la variole, en 1617, à 21 ans.

Gravure du XVIe siècle par Théodore de Bry représentant la ville de Pomeiooc.

Au sud des Grands Lacs

Les étés plus longs que dans le nord permettaient aux Menominees, Kickapoos, Powhatans, Winnebagos de pratiquer l'agriculture. Haricots, maïs, courges poussaient dans des jardins entretenus par les femmes. Les hommes pêchaient et chassaient. Semi-nomades, ces tribus ne se déplaçaient en petits groupes qu'en hiver. Elles étaient gouvernées par des chefs de villages et des chefs de guerre.

La ligue des Six Nations

Avant le XVIe siècle, cinq tribus se regroupèrent : Cayugas, Mohawks, Oneïdas, Onondagas et Sénécas. En 1714, elles furent rejointes par les Tuscaroras et constituèrent ensemble la ligue des Six Nations. Cette alliance accrut leur puissance au détriment des autres tribus de la région. Appelés Iroquois, ces sédentaires devinrent les Indiens les plus redoutés du Nord-Est. Les femmes tenaient un rôle très important : elles élisaient les chefs et elles pouvaient en changer quand elles le jugeaient nécessaire. Les hommes se fiaient à leur jugement.

Les Hurons contre les Iroquois

De même famille linguistique que les Iroquois, mais constituant une tribu différente, les Hurons qui vivaient aussi dans de longues maisons n'en étaient pas moins leurs pires ennemis. Ils se disputaient les territoires de chasse et se battaient pour prouver la bravoure des jeunes guerriers, ou pour venger un ami, un parent. Lorsque les guerres éclatèrent au XVIIIe siècle entre les puissances coloniales, chaque tribu choisit de s'allier à une armée opposée : les Iroquois avec les Anglais, contre les Français à qui se rallièrent les Hurons !

LES PREMIERS CONTACTS

Les Algonquins furent les premiers à avoir des contacts avec les Blancs (Français, Hollandais, Anglais) au XVIe siècle, puis les premiers à se battre pour freiner leur avancée.

LES LONGUES-MAISONS

« Haudenosaunee » ou peuple de la longue maison : c'est ainsi que les Iroquois se nommaient en référence à leurs habitations en bois, rectangulaires, si grandes que plusieurs familles cohabitaient.

Reconstitution d'une habitation traditionnelle iroquoise.

Les peuples des totems

La côte nord-ouest du Pacifique était occupée par des tribus de langues diverses. Le climat tempéré par l'océan, l'abondance de saumons, la fertilité des sols leur permirent d'élaborer des sociétés riches et originales.

Une société de chefferies

Il existait dans les tribus du Nord-Ouest (Nootkas, Haidas...) une organisation sociale particulière : la chefferie. Les chefferies étaient des groupes importants d'individus rassemblés autour d'un chef, l'économe du groupe. Il devait veiller à constituer assez de provisions de nourriture et de matières premières pour les redistribuer équitablement selon les besoins. La position de chef, bien que celui-ci n'ait pas de pouvoir politique, était prestigieuse et de nombreux honneurs lui étaient rendus.

Des blasons pour les nobles

Ces sociétés étaient divisées en classes sociales : nobles, gens du commun et esclaves. Les nobles (classe d'où étaient issus les chefs) avaient droit au respect des autres. Ils se mariaient entre eux, affichaient des signes extérieurs de leur rang – tels des blasons – et s'habillaient de façon différente. Ils avaient même des serviteurs. Devant leurs maisons étaient parfois dressés des totems, ces hauts mâts lisses ou sculptés avec des figures posées au sommet.

Les totems honoraient la lignée des familles nobles.

GÉNÉROSITÉ MAL COMPRISE

Les membres de ces sociétés où richesse allait de pair avec statut social organisaient des cérémonies appelées « potlatch » pour montrer leur rang : un chef de maison ou de clan invitait de nombreuses personnes auxquelles il offrait des cadeaux et des festivités grandioses. Les missionnaires les interdirent, en 1885 : ils trouvaient que c'était du gaspillage.

Le processus de déformation du crâne commençait dès la naissance et pouvait durer 2 ans. Pour les Chinooks, c'était un signe de haut rang social.

Avoir une tête plate

Dans quelques tribus du Nord-Ouest, dont les Kwakiutls et les Chinooks, un des critères de beauté des femmes était d'avoir un front et un crâne aplatis. La mère plaçait son nouveau-né dans un berceau fait d'une planche en bois. À une extrémité, il y avait une planchette inclinable contre laquelle reposait la tête de l'enfant. Cette planchette était basculée, petit à petit, vers le bas avec un système de cordes la reliant à l'autre extrémité du berceau, créant une pression sur les os encore mous du crâne.

Des guerriers en canoës

Pendant des siècles, les tribus du Nord-Ouest se sont battues entre elles. Sans raison apparente et sans trop de discipline, ces batailles irrégulières duraient le temps de capturer des prisonniers pour en faire des esclaves. Naviguant sur de grands canoës décorés d'emblèmes, armés de lances, arcs, flèches et casse-tête, les guerriers entonnaient des chants de guerre en attaquant les villages côtiers protégés par des palissades. La bataille terminée, il s'agissait alors pour ceux qui avaient été attaqués de se venger ; et à leur tour, en représailles, ils partaient se battre.

Sous le même toit

Les prisonniers de guerre, dans cette région où la valeur des biens matériels était très importante, avaient le statut d'esclaves. Propriété de leur maître qui, le plus souvent, les traitait bien, ils pouvaient être vendus ou échangés. Ils habitaient dans la même maison et partageaient ses repas.

Zone 4
Nord-Ouest Pacifique

Les tribus de cette zone sont de 4 langues différentes : l'athapascan (Haidas), le salishan (Tillamooks), le penutian (Chinooks), le wakashan (Nootkas, Kwakiutls).

Sur la rive, des dignitaires richement parés accueillent les invités à un potlatch. Dans les canoës, les danseurs se sont mis en mouvement dès que les embarcations ont été en vue, pour impressionner leurs hôtes.

Au pays des bisons

Les Grandes Plaines représentent une vaste région, au centre de l'Amérique du Nord, constituée de plaines infinies et de collines qu'arrête, à l'ouest, la chaîne des Rocheuses. C'était le pays des bisons et des tribus mythiques : Cheyenne, Lakota, Blackfoot, Crow...

Donner un coup à l'aide du « bâton à coups » , ou à mains nues sans tuer l'ennemi représentait un acte de bravoure prestigieux.

Une mosaïque de cultures

Parmi les vingt-sept tribus installées dans cette région vers 1850, beaucoup n'étaient pas originaires des Grandes Plaines. Venant d'autres régions, elles avaient des cultures distinctes. Certaines dont les Dakotas, les Lakotas, les Blackfeet, les Comanches et les Kiowas étaient nomades. D'autres tels les Crows, les Nakotas étaient semi-sédentaires. Dans des villages permanents vivaient des agriculteurs sédentaires (Mandans, Hidatsas, Otos, Wichitas, Omahas, Arikaras). L'arrivée du cheval permit de se déplacer plus facilement et certains choisirent la vie de nomades, tels les Arapahos et les Cheyennes.

Ce tableau du XIXe siècle peint par George Catlin illustre un tipi de la tribu crow.

Des nations démocratiques

Dans les Grandes Plaines, le pouvoir politique ou religieux n'était pas héréditaire et les orphelins comme les captifs pouvaient accéder à un statut élevé. Pour cela, il fallait participer activement aux cérémonies de la tribu, respecter les rites et posséder des pouvoirs surnaturels. Les Indiens des Plaines tenaient le courage comme la plus haute des qualités ; venait ensuite la générosité. Un chef élu par décision du conseil des anciens, pour ses qualités de guerrier et de meneur d'hommes, se distinguait non pas par les biens matériels qu'il possédait, mais par ceux qu'il distribuait.

Chef mandan dessiné au XIXe siècle.

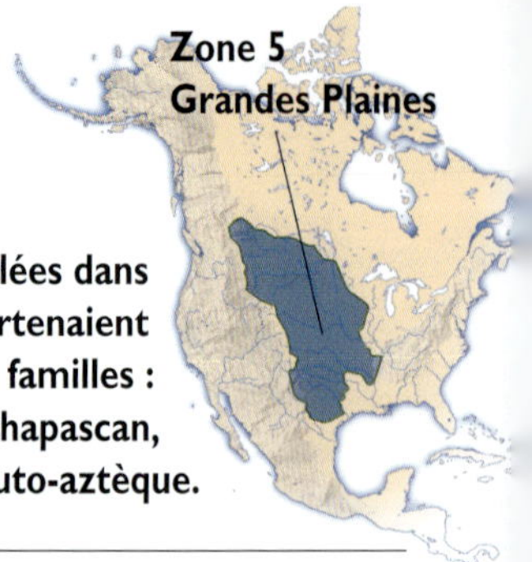

Les langues parlées dans les plaines appartenaient à 5 grandes familles : algonquien, athapascan, caddoan, siouan et uto-aztèque.

De grandes familles

Les tribus sédentaires (Mandans, Hidatsas, Arikaras) se distinguaient par leurs maisons en terre étroitement regroupées en villages et leurs activités agricoles. Bien qu'économiquement et politiquement autonomes, ces villages n'étaient pas indépendants. Il existait entre ceux d'une même tribu une organisation sociale et cérémonielle commune et les individus d'un même village se considéraient tous « parents ».

Les tribus nomades

Les nomades (Lakotas, Cheyennes, Dakotas) ne formaient vraiment une tribu que durant le printemps et l'été, se regroupant pour la grande cérémonie de la Danse du Soleil, les chasses communes au bison et l'organisation annuelle des sociétés de guerriers. L'hiver, les tribus s'éparpillaient en petits groupes, et changeaient régulièrement d'endroit pour ne pas épuiser les ressources naturelles : bois de chauffage et herbe pour les chevaux.

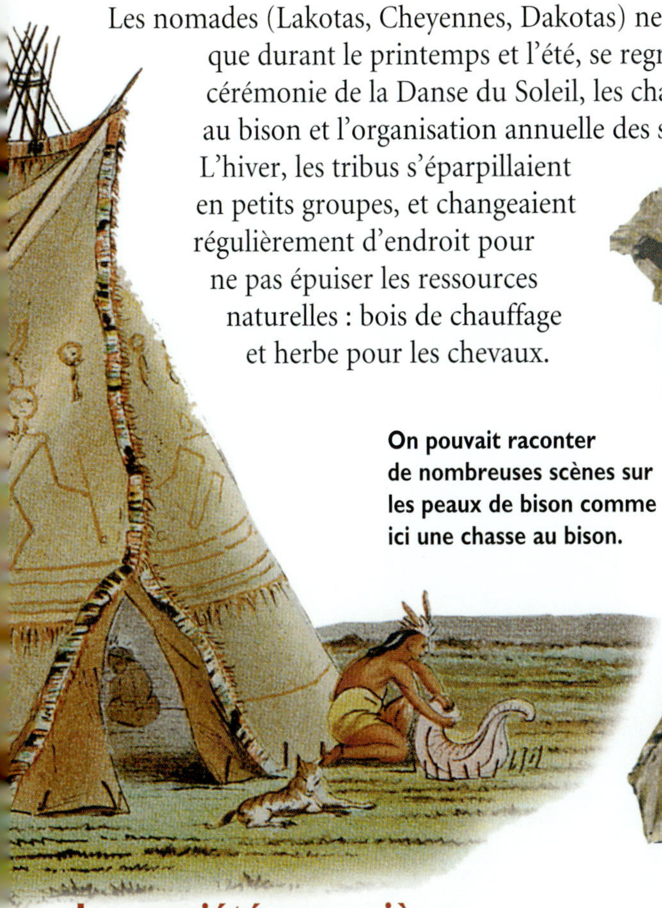

On pouvait raconter de nombreuses scènes sur les peaux de bison comme ici une chasse au bison.

Les sociétés guerrières

Les Indiens des Plaines avaient des sociétés, ou confréries de guerriers, dans lesquelles on n'entrait qu'après avoir fait preuve de courage et d'obéissance. En temps de paix, certaines sociétés assuraient la sécurité de la tribu lors des déplacements, faisaient la police dans les camps et villages ou veillaient au respect du déroulement des chasses communes. Chaque société possédait sa spécificité et ses rites secrets. Les Renards de la tribu crow devaient porter le premier coup à l'ennemi. Chez les Arapahos, les membres de la société des Lances ne devaient jamais reculer au combat.

De vrais agriculteurs

Les agriculteurs (Mandans, Arikaras) installaient des villages près des endroits irrigables (près des fleuves). Certains occupaient de petites îles entières. Le maïs était la plante la plus cultivée, venaient ensuite les haricots et les courges.

Prêts à tout

Certaines actions étaient très honorées : se glisser dans un camp ennemi et voler, sans se faire voir, les meilleurs chevaux, s'emparer de l'arme d'un ennemi ou le faire tomber de sa monture.

La tribu en mouvement

LES NOMADES ET LA TERRE

La nécessité de bouger souvent le campement pour trouver de la nourriture ne signifiait pas que les nomades n'étaient pas attachés à la terre. Chaque clan avait ses endroits favoris dans lesquels il revenait régulièrement. Retrouver un de ces lieux était un peu comme revenir à la maison.

Dans cette région des Grandes Plaines, certaines tribus (Lakotas, Dakotas, Cheyennes…) se déplaçaient pour chasser les bisons ou trouver un endroit abrité en hiver, avec des arbres à couper pour se chauffer.

Nomades ou semi-sédentaires, les Indiens déplaçaient leurs camps de la même façon : démontage des tipis, installation des toiles et des perches sur des travois très caractéristiques, départ en groupe...

Pour en savoir plus sur les tipis, reporte-toi aux pages 46 et 47.

Un territoire privilégié

Bien que nomades, les Indiens considéraient que le territoire qu'ils parcouraient (il n'y avait pas de frontières délimitées) était en quelque sorte le leur. Ils ne pensaient pas que la terre leur appartenait, mais qu'ils en étaient les occupants privilégiés et ils n'aimaient pas que d'autres tribus viennent s'y installer. Lorsqu'il fallait chasser dans les immenses troupeaux de bisons, il y avait parfois une trêve entre tribus ennemies.

Des tribus légendaires

Guerres intertribales

Les tribus des Plaines distinguaient 2 types d'affrontements : les « raids du scalp » et les « raids du cheval ». Le scalp (morceau de cuir chevelu pourvu d'une touffe de cheveux) symbolisait l'âme du vaincu qui devenait, dans l'au-delà, l'esclave du vainqueur. Le cheval était vital pour les nomades et en posséder beaucoup rehaussait le prestige du propriétaire.

Certaines tribus nomades comme les Sioux, d'autres sédentaires comme les Mandans devinrent célèbres dans l'histoire des Plaines pour leurs particularités culturelles.

Dans la région des Plaines, les tribus indiennes étaient sédentaires ou nomades.

La puissante nation sioux

Le nom Sioux regroupe des tribus d'une même nation qui émigrèrent du Nord-Est et s'installèrent dans les Plaines autour de 1750. Les Sioux étaient répartis en trois groupes : les Sioux de l'Ouest appelés Lakotas (dont les tribus oglala, hunkpapa, sihasapa), ceux de l'Est, appelés Dakotas (tribus santee, wahpeton) et ceux du Centre, les Nakotas (tribus yantonai, yankton). Bien qu'autonomes, les tribus se réunissaient chaque été pour refaire connaissance et prendre des décisions importantes.

Les Mandans, au croisement des pistes

Les Mandans et leurs voisins les Hidatsas étaient des agriculteurs sédentaires, installés dans de grands villages bâtis au croisement de pistes souvent empruntées par de nombreuses tribus nomades. Les voyageurs troquaient des peaux et de la viande de bison contre du maïs, des courges, des haricots. Dans la société mandan, les hommes ne possédaient que leurs chevaux, leurs armes et leurs vêtements. Tout le reste, de la maison aux chiens, appartenait aux femmes.

Les Mandans s'installaient souvent dans des endroits stratégiques, au sommet des collines.

Cheyennes et flèches sacrées

Chez les Cheyennes, tous les hommes appartenaient à une des six « nutquis », leurs sociétés guerrières. Ils avaient pour ennemis les Crows, et pour alliés fidèles, les Arapahos. Leur objet le plus sacré, le « maahötse » consistait en un paquet dans lequel étaient enfermées précieusement deux « flèches-bison » (pour le succès à la chasse) et deux « flèches-homme » (pour des victoires à la guerre). Un sage, le « Gardien des Flèches », en était responsable, mais lors d'une bataille, c'est un chamane qui devait les porter.

Dans leur langue, les Cheyennes s'appelaient « Tsistsista », le peuple. Cette carte postale de 1903 représente le chef Wolf Robe.

Quand ils ne se battaient pas, les Comanches aimaient organiser des courses hippiques ou de fausses batailles.

Les Comanches au galop

À l'origine, les Comanches faisaient partie de la tribu shoshone du Grand Bassin dont plusieurs groupes s'installèrent dans le sud de la région des Plaines et devinrent nomades. Les Blancs qui les craignaient beaucoup, mais admiraient leurs talents de cavaliers, les surnommaient « les cosaques des Plaines ». Tout petits, les enfants apprenaient déjà à monter à cheval. On les attachait à la selle avec des lanières et, vers 4 ans, ils savaient monter.

Cette coiffe en plumes d'aigle et en perles fut portée par le chef arapaho, Yellow Calf.

Des plumes valeureuses

Pour les marques de prestige, il ne fallait utiliser que des plumes d'aigle. Chaque plume avait une signification précise. Celles qui étaient plantées sur la couronne indiquaient le nombre de victoires au combat. Les duveteuses représentaient les forces mystérieuses.

Symbole de qualités

Des bandes en peau d'hermine étaient fixées des 2 côtés de la coiffe des guerriers. Elles symbolisaient les qualités de cet animal : rapidité et aptitude à échapper à ses poursuivants.

Au royaume des chevaux

Le cheval préféré des Nez-Percés

Cette région riche en beaux pâturages se prêtait bien à l'élevage des chevaux qui ne parvinrent dans la région qu'entre 1700 et 1720. Quelques années plus tard, vers 1750, les Nez-Percés avaient acquis la réputation d'excellents éleveurs. Ils dressèrent l'apaloosa à la robe blanche mouchetée de petites taches brunes ou noires, monture puissante et rapide.

Les mal nommés

Les Nez-Percés (nom donné par des Français et encore utilisé ainsi) s'appelaient entre eux « Nimiipuus », vraies personnes, et ne se perçaient pas le nez... Plusieurs noms étaient donnés aux Indiens par des Blancs sans raison apparente. Ainsi les Têtes-Plates (Flatheads), en fait les Salishs, les Pend-d'Oreilles et les Kootenais, qui n'avaient pas les têtes plates.

Les tribus du Plateau appartenaient à 3 familles linguistiques : kootenai, salishan et penutian.

Le fleuve Columbia était l'âme de la région du Plateau riche en prairies, en montagnes altières et en forêts denses. Les tribus indiennes y chassaient et pêchaient au rythme des saisons. C'était aussi le pays des chevaux apaloosas.

Les peuples du Plateau

Des embarcations appelées « bullboat », faites d'une armature en bois recouverte de peaux de bison, servaient parfois à traverser les rivières.

Les Indiens du Plateau, nomades, ne cultivaient pas la terre ; ils se nourrissaient des produits de la nature, dont les bulbes de camas aux fleurs bleu-lavande. En cas de besoin, comme lors d'un voyage en hiver, ils consommaient l'intérieur de l'écorce de certains arbres, dont le pin ponderosa. Suivant les saisons, leurs habitations variaient en style et dimension, des tipis recouverts de peaux, aux huttes de branchages. Dès le printemps, les tribus se divisaient en bandes ayant chacune un territoire de pêche (saumon) et de chasse (petit gibier, cerfs) et se reformaient en hiver.

Les Nez-Percés, artistes et éleveurs

Les Nez-Percés (Nimiipuus), de langue penutian, étaient réputés pour leurs arcs qu'ils fabriquaient avec des cornes de mouflon. En les faisant bouillir pour les amollir, ils les étiraient et leur donnaient forme, puis les recouvraient de nerfs pour les solidifier. Ces arcs, ainsi que leurs chevaux apaloosas, servaient aussi de monnaie d'échange avec d'autres tribus. En automne, des chasseurs allaient traquer le bison dans les Plaines et revenaient, après quelques semaines, chargés de provisions, passer l'hiver dans la tribu regroupée.

Les Kootenais pêchaient, dans les lacs et les rivières, à bord de canoës en rouleaux de nattes de scirpe (plante à feuilles plates poussant près de l'eau). Celui-ci a été photographié par Edward S. Curtis en 1910.

Des tribus confédérées

Les Salishs et leurs proches voisins, les Pend-d'Oreilles (de langue salishan), étaient originaires de la région du Plateau. Ils vivaient de chasse et de cueillette.
Les Kootenais (de langue kootenai) chassaient les bisons jusque dans la région des Plaines, et en hiver, se divisaient en sept bandes.
À partir de 1865, les tribus des Salishs, des Pend-d'Oreilles et des Kootenais formèrent une confédération au Montana, dans une réserve appelée Flathead.

La rivière Colombia (fond de page) coule sur plus de 2 000 kilomètres.

Unis par les rivières

Les Walla-Wallas, les Cayuses et les Umatillas (tribus parlant le penutian), croyaient que l'eau avait été créée en premier avant la terre. Un important réseau naturel de rivières les unissait. La pêche (saumon, esturgeon) au filet et au harpon était leur activité principale. Le poisson était si abondant que ces Indiens n'avaient pas à faire de longs déplacements.

Pain de poisson

Le poisson était séché et réduit en farine pour la confection d'une sorte de pain que les Indiens conservaient dans des paniers, comme provision d'hiver ou produit de troc.

Jeune Indienne Umatilla photographiée par Edward S. Curtis en 1910. À l'occasion d'événements importants, les Indiens Umatillas n'épargnaient aucune dépense pour se parer et orner leur monture.

Chasseurs et cueilleurs aussi

Quand la saison le permettait, Walla-Wallas, Cayuses et Umatillas partaient en montagne récolter des plantes comestibles et médicinales et chasser les cerfs.
En hiver, ils vivaient dans de grandes huttes, ayant la forme de tipis, recouvertes de nattes de roseaux.

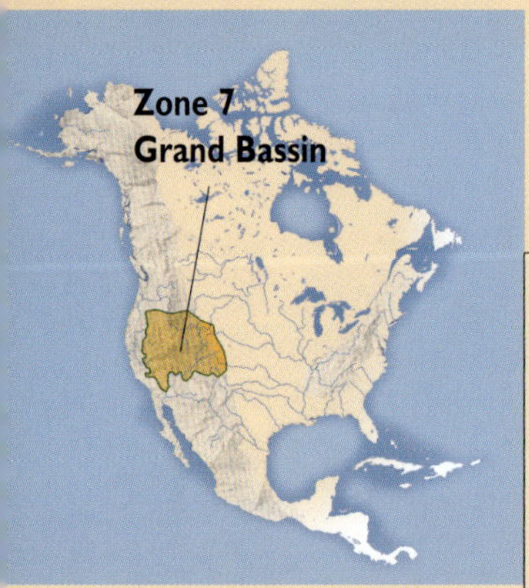

La plupart des tribus du Grand Bassin (Utes, Shoshones et Paiutes) appartenaient à la famille linguistique numic. Seuls les Washoes parlaient une langue différente issue du hokan.

Les Indiens fouisseurs

Dans la zone la plus aride, les Shoshones de l'Ouest fouillaient la terre avec un bâton pointu à la recherche de tubercules et de racines sauvages. Les Blancs, pour se moquer d'eux, les appelèrent les « Indiens fouisseurs ».

À la limite du désert

Dans le Grand Bassin, région de contrastes climatiques et géographiques, vivaient des tribus aux cultures très différentes. Mais tous ces Indiens savaient tirer profit des moindres ressources naturelles et respectaient l'équilibre fragile de leur environnement.

Les trois groupes shoshones

Il y avait trois groupes distincts de Shoshones divisés selon leur habitat géographique : certains se situaient au nord de l'Idaho, tels les Lemhi-Soshones associés à la bande bannock de la tribu paiute ; les Shoshones de l'Ouest se trouvaient dans la zone la plus aride et les Shoshones de l'Est plus près des Plaines. Les Shoshones du Nord et de l'Est avaient du gibier en abondance et, vers le sud, les vallées ne manquaient pas de plantes nourricières.

Les Utes et le gardien des montagnes

Durant l'hiver, des groupes utes se dispersaient en petites communautés d'une soixantaine de personnes qui se reformaient en bandes l'été. Chacune, dirigée par un chef, installait un camp de plusieurs centaines de familles. Parfois quelques hommes partaient chasser ou effectuaient des raids chez leurs ennemis – Cheyennes, Comanches. Le grizzli représentait pour les Utes le gardien des montagnes ; il était sacré. Au printemps, lorsqu'il sortait de son hibernation, avait lieu la principale cérémonie ute, appelée Danse de l'Ours.

Jeunes Shoshones dansant en habit traditionnel.

Chez les Paiutes, cuisine et vannerie étaient réservées aux femmes.

PÊCHE ENTRE JEUNES

En avril, les jeunes filles et garçons washoes grimpaient en haut du lac Tahoe à plus de 1 800 m d'altitude, pour pêcher au harpon dans les eaux encore gelées qu'ils brisaient. Après quelques jours, ils rejoignaient leurs parents restés au village, sur les rives du lac, avec tous les poissons qu'ils avaient pris.

PLUSIEURS FEMMES OU PLUSIEURS MARIS ?

Dans les tribus de cette région, la polyandrie (une femme, plusieurs maris) était aussi fréquente que la polygamie (un homme, plusieurs femmes).

Les Paiutes, sages et pacifiques

Répartis en deux tribus, Paiutes du Nord et Paiutes du Sud, ces Indiens vivaient de la chasse au petit gibier et de la récolte. La poterie et la vannerie, utiles pour récolter et stocker les plantes, étaient des activités importantes pour les femmes. Chaque village, d'une dizaine de maisons en branchages, de forme conique, élisait un chef dont la fonction était de donner des conseils plutôt que d'imposer son autorité.

Cette photo de Sai-ar et sa famille (Utes), devant leur tipi, a été prise en 1874, par J. K. Hillers lors d'une des premières expéditions dans la région.

UN ALIMENT VITAL

Le pignon abondait de la fin de l'été à l'automne. À l'aide de grandes perches, les Indiens cueillaient les pommes de pin, puis les faisaient rôtir pour les ouvrir et libérer les petites graines comestibles. Elles étaient consommées telles quelles ou moulues pour la préparation de galettes qui se conservaient tout l'hiver. Cette récolte, vitale dans cette région, donnait lieu à de grandes cérémonies.

Au pays du jeu de Lacrosse

Sceaux des 5 tribus civilisées.

Dans ce territoire fertile du Sud-Est, du Mississippi à la Floride, au climat humide et chaud favorisant la faune et la végétation, les Indiens étaient sédentaires. Toutes les tribus qui n'étaient pas cherokees, choctaws ou chickasaws étaient appelées « creeks » par les Blancs.

Une nation de plusieurs tribus

Les Indiens Creeks représentaient une confédération de tribus (Muskogees, Séminoles, Hitchitees, Tuskegees, Natchez) ayant des traits culturels semblables et appartenant au même groupe linguistique, le muskogien. La confédération était constituée de plusieurs villes et villages, les « talwas ». Les Creeks se divisaient en clans et prêtaient allégeance à leur ville d'appartenance plutôt qu'à leur tribu. Ces villages se trouvaient en Alabama et en Georgie. Agriculteurs, ils complétaient leur alimentation avec des produits de la chasse et de la pêche.

À la différence des autres tribus du Sud-Est, les Cherokees étaient de langue iroquoienne.

Les 5 tribus civilisées

Chickasaws, Choctaws, Creeks, Cherokees et Séminoles formaient les 5 tribus civilisées. Elles avaient développé leurs propres lois, leur système judiciaire et des constitutions, ce qui aux yeux des Blancs représentait un signe de « civilisation ». C'est au début du XIXe siècle qu'elles furent ainsi appelées.

L'ancêtre du hockey

Des compétitions du jeu de Lacrosse étaient organisées entre villages. C'était un jeu populaire mais rude : tous les coups, hormis saisir la balle avec les mains, étaient permis. Chaque joueur disposait d'une raquette et le but du jeu consistait à faire passer la balle entre les 2 poteaux du camp adverse.

Le nom du jeu de Lacrosse fut donné par des Français qui voyaient une ressemblance entre la crosse d'un évêque et l'instrument des joueurs.

Villes blanches et villes rouges

Les Creeks classaient leurs villes en deux couleurs : les blanches et les rouges. Cela ne voulait pas dire que les maisons en bois étaient peintes ainsi. Mais cela signifiait que chaque ville avait des organisations gouvernementales différentes. Les villes blanches (le blanc symbole de paix) tenaient les conseils pour conclure la paix ou adopter d'autres tribus dans leur union. Les rouges (couleur symbolisant la violence) décidaient des guerres et organisaient les batailles. Toutefois, les habitants des villes blanches devaient participer aux guerres que décidaient les villes rouges.

Reconstitution moderne d'une habitation cherokee.

Décimés !

En 1835, les Cherokees durent céder toutes leurs terres en Georgie. Entre 1838 et 1839, ils furent déportés en Oklahoma à 1600 km de chez eux. Plus de 4 000 d'entre eux moururent de froid et d'épuisement.

Les Cherokees et l'alphabet

Les Cherokees formaient une puissante nation. Entre eux, ils s'appelaient « Keetowahs », du nom de la ville, noyau de leur nation. Ils étaient répartis dans quelque deux cents villages constitués de trente à soixante maisons et d'une plus grande où se réunissait le conseil des dignitaires. Cette maison, souvent bâtie sur un tumulus, était aussi utilisée lors des cérémonies. Un feu sacré y brûlait en permanence. En 1821, Sequoyah, un Indien Cherokee, inventa le premier alphabet indien pour transcrire la langue de son peuple. Avant 1821, les Indiens n'écrivaient qu'avec des dessins.

Les Séminoles en Floride

Les Séminoles faisaient partie de la confédération creek. Dans les années 1700, ils émigrèrent en Floride près d'un groupe d'Indiens parlant une langue différente, le mikasuki. Petit à petit, les deux groupes ne formèrent plus qu'une seule tribu indépendante. Vivant de la chasse et de la pêche, ils habitaient dans de simples huttes recouvertes d'un toit en chaume.

Les costumes des Séminoles, en tissu décoré de bandes colorées, s'inspiraient des vêtements des Espagnols installés en Floride.

La Piste des larmes

Le traité de Dancing Rabbit Creek en 1830 fut le début d'une longue marche forcée pour les Choctaws vers le territoire indien établi par le gouvernement américain en Oklahoma. Ils furent rejoints par les Cherokees, Creeks, Séminoles et Chickasaws. Cette déportation, appelée Piste des larmes, dura plusieurs mois, dans des conditions difficiles, et coûta la vie à de nombreux Indiens.

Cliff Palace dans le parc national du Mesa Verde au Colorado.

La terre des ancêtres

La pièce des esprits

Les rites secrets pueblos se déroulaient dans la « kiva » (le monde d'en dessous), une grande pièce souterraine, le plus souvent circulaire, installée au centre du village.

La kiva était un espace sacré qui évoquait l'image du ventre dans le corps de la Terre Mère.

C'est le pays des canyons vertigineux, des steppes arides, des montagnes enneigées et des mesas, ces plateaux de rocs tachetés de genévriers. C'est la Terre sacrée d'une des plus anciennes cultures Indiennes.

Les bâtisseurs anciens

La culture anasazi s'épanouit du Xe au XIIIe siècle dans la région des Quatre Coins où se rejoignent le Colorado, l'Utah, l'Arizona et le Nouveau-Mexique. Durant cette période, ces architectes d'un temps disparu construisirent, dans le Canyon de Chelly et à Mesa Verde, des villages nichés aux flancs de vertigineuses murailles de roc comme de magnifiques places fortes naturelles. Pour atteindre leurs villages, faits de maisons (en pierre et en brique de terre) à plusieurs étages, les Anasazis creusèrent des marches dans le roc.

La fin de la culture anasazi

Vers le XIVe siècle, les Anasazis, cueilleurs et cultivateurs, quittèrent leurs villages et se dispersèrent dans le Nouveau-Mexique et l'Arizona. Les causes de leur départ restent un mystère : peut-être fuirent-ils une période de sécheresse très longue. Les Anasazis devinrent les Pueblos, mot espagnol signifiant « village ». Ces Pueblos conservèrent de leurs ancêtres plusieurs traits religieux et culturels : les maisons en adobe (brique de terre), la kiva (sorte de temple souterrain) et une vie sédentaire. Les Anasazis appartenaient au groupe linguistique aztec-tanoan.

Les villages pueblos

Parmi les tribus pueblos (Tanoans, Keresans, Hopis, Zunis) on pouvait distinguer les Pueblos de l'Ouest dans le pays des canyons et des mesas, dont les Zunis, Lagunas, Acomas et Hopis, et ceux de l'Est installés le long du Rio Grande. Leur manière de vivre, sédentaires et regroupés, les conduisait à collaborer étroitement entre eux.

Les Pueblos étaient divisés en 4 familles linguistiques : le keresan, le tanoan, l'uto-aztèque parlé par les Hopis et le zuni.

Vivre en paix

Les Pueblos menaient une vie sédentaire basée sur l'agriculture. Leurs villages, parfois vieux de plusieurs siècles, étaient entourés de champs cultivés et des bergers gardaient leurs moutons et leurs chèvres (introduits par les Européens) sur des pâturages aux herbes rares. Leur religion enseignait la paix. L'esprit de compétition entre les clans était considéré comme négatif. Les Hopis vivaient sur de grands plateaux arides appelés mesas. Un territoire si dénudé qu'il les protégeait de la convoitise d'autres tribus.

Dans cette région chaude, les maisons en terre des Pueblos étaient fraîches à l'intérieur.

Chez les Hopis, seules les jeunes filles pouvaient porter ce type de coiffure.

La ferveur des Pueblos

Chaque geste quotidien était un acte de communion divine avec l'univers. Tous reconnaissaient la fragilité de l'harmonie de l'univers dans lequel ils vivaient et redoutaient les excès et manquements aux règles sociales et religieuses, menaçant de la bouleverser. De nombreuses prières marquaient leurs actions quotidiennes. De grandes cérémonies avaient lieu toute l'année.

Esprit et poupée

Chez les Zunis et les Hopis, les katchinas étaient des esprits invisibles (esprit du maïs, des animaux...) ayant le pouvoir d'intervenir auprès des dieux. Ils venaient sur terre chaque année et des danseurs masqués les personnalisaient lors de cérémonies données en leur honneur. Il y avait plus de 300 katchinas différents. Les poupées katchinas, en bois décoré, jouaient un rôle protecteur et pédagogique auprès des enfants.

Les fils du soleil

Des noms dérivés

Dès 1598, les Espagnols identifièrent les Apaches selon leur lieu de résidence ou certaines caractéristiques culturelles : ceux qui récoltaient le mescal (genre de cactus) furent baptisés « Mescaleros », ceux qui fabriquaient des paniers, « Jicarillas », (petit panier en espagnol).

Venus du Canada où soufflent les vents glacés, des Indiens de la famille linguistique athapascan arrivèrent, entre 1000 et 1500 ap. J.-C., dans le Sud-Ouest, sur cette terre semi-désertique où vivaient les Pueblos. Ils s'installèrent, se divisèrent et formèrent les tribus apaches et navajos.

Chef apache jicarilla photographié en 1905.

Les Apaches étaient de fameux archers.

Les groupes apaches

Le terme « apache », dérivé du mot zuni signifiant « ennemi », désignait plusieurs groupes (Lipans, Jicarillas, Mescaleros, Chiricahuas…). Les Apaches parlaient des dialectes différents mais compréhensibles entre eux. Ils partageaient le même mode de vie caractérisé par un nomadisme saisonnier, reposant sur la chasse, la cueillette et l'agriculture. Les règles d'éducation des enfants s'appliquaient aussi bien aux filles qu'aux garçons : tous apprenaient à manier l'arc et à monter à cheval sans selle.

Des raids et des guerres

Les Apaches différenciaient la guerre des raids. Un raid (un vol organisé chez des ennemis, principalement chez les paisibles Pueblos) visait à assurer le bien-être économique de la bande lorsque le besoin s'en faisait sentir. Les expéditions guerrières devaient venger les pertes causées par les ennemis, elles étaient organisées par les membres de la famille des victimes. Les femmes participaient parfois à ces raids ou expéditions guerrières.

Geronimo et ses guerriers apaches dans les montagnes de Sierra Madre.

Les Navajos, bergers et guerriers

Éleveurs de moutons, les Navajos semi-nomades avaient la réputation de posséder le courage du guerrier et la sagesse du berger. Ils étaient proches des Apaches (parlant la même langue) et tout comme eux étaient considérés par les Pueblos comme des ennemis. La responsabilité individuelle et la propriété s'apprenaient très tôt chez les Navajos. Les garçons comme les filles s'initiaient à soigner leurs bêtes, à les tuer, à tanner les peaux, à tondre les moutons et vendaient le fruit de leur labeur pour leur compte personnel.

Les Indiennes Navajos élaborèrent un art du tissage de tapis somptueux.

L'indépendance des femmes navajos

Les femmes navajos choisissaient leurs époux et leur proposaient le mariage. Les veuves ou celles encore mariées mais séparées jouissaient d'une grande liberté sexuelle. Il existait un tabou très fort concernant les relations entre un époux et sa belle-mère : en aucun cas ils ne devaient se parler, se toucher, ni même se regarder. Pourtant c'est elle qui indirectement, dirigeait le travail de son gendre. Les femmes avaient peu de restrictions concernant leurs activités et la répartition des tâches était souple.

Un nom pour les Navajos

En 1626, le frère Zàrat Salmeron fit pour la première fois référence aux Navajos en tant que tribu distincte des Apaches. Dans sa mission installée à Jemez Pueblo, il entendit à plusieurs reprises prononcer ces termes « apaches navajos » qui signifiait « ennemis des champs cultivés ». Les Espagnols gardèrent le mot navajo qu'ils appliquèrent à ces Indiens belliqueux devenus alors une tribu puissante.

Gardienne de moutons chez les Navajos.

Les peuples de Californie

Au nord de la Californie, les Pomos étaient de langue athapascane, tandis qu'au sud, les Chumashs se rattachaient à la langue hokane.

Cette région au climat favorable permit le développement d'une centaine de petites tribus aux cultures et aux langues diverses. Pacifiques, elles vivaient de pêche, de chasse et de cueillette. L'arrivée des Blancs entraîna la disparition d'un grand nombre d'entre elles.

Les Indiens de Californie pêchaient au harpon ou au filet.

Une terre d'abondance

Des montagnes et des déserts isolaient les Indiens de Californie des autres habitants du continent. Les tribus qui vivaient sur les rivages du Pacifique récoltaient des crustacés, des mollusques, des tortues ou pêchaient le poisson. Celles à l'intérieur des terres se nourrissaient de lapins, d'écureuils, de lézards, de canards, faciles à piéger. Une des caractéristiques communes aux tribus de Californie était leur alimentation à base de glands.

Panier pomo richement décoré.

Tabous alimentaires

Les Indiens de Californie ne mangeaient jamais de grizzlis ni de coyotes, leurs croyances religieuses en faisaient des animaux tabous. Chez les Costanoans (au sud et à l'est de la baie de San Francisco), les femmes qui venaient d'accoucher devaient s'abstenir de consommer de la viande, du poisson, du sel et de l'eau froide pendant plusieurs jours.

Les Pomos, maîtres-vanniers

Les Pomos, sur la côte nord de la Californie, étaient réputés pour la beauté de leur vannerie. Avec leurs paniers, ils cuisinaient, stockaient les provisions et récoltaient les plantes, dont l'angélique. Pour se porter chance, les hommes se frottaient le corps avec ses racines avant d'aller chasser. Ils n'avaient pas le droit de tuer certains animaux (aigle, faucon...) considérés comme de puissants chefs.

Les Indiens de Californie étaient de vrais spécialistes de la vannerie. La coiffe de cette jeune maman et son porte-bébé en témoignent.

Les Chumashs, un peuple marin

Les Chumashs occupaient le littoral sud de la Californie et quelques îles proches. Ils excellaient dans la fabrication des canoës, les tomols, faits de planches liées avec des cordes, puis bouchées avec de l'asphalte ramassée sur les plages. Fins chasseurs, bons artisans, les Chumashs développèrent une économie prospère. Ils possédaient un système monétaire à base de coquillages marins enfilés sur une cordelette.

Légères et rapides, les embarcations des Chumashs pouvaient être menées par 2 ou 3 rameurs.

Les Yanas, chassés par les Blancs

Au nord-est de la Californie, les Yanas (de langue hokane) se nourrissaient de chasse, de pêche et de cueillette. Ils étaient environ 3 000. Après la découverte de mines d'or sur leurs terres, en 1848, ils furent chassés et tués par les Blancs. En 1911, Ishi, un homme yana d'une cinquantaine d'années, fut découvert à Oroville. Dernier survivant de son peuple, il vivait seul dans une grotte depuis quelques années. Ishi fut recueilli par des historiens et les aida dans leurs études sur la culture yana, désormais disparue.

Mort en 1916, Ishi fut le dernier représentant du peuple yana.

Fiesta chumash

Pour les Chumashs, les événements les plus importants de l'année étaient la récolte de glands en automne et le solstice d'hiver qui donnaient lieu à de grandes fêtes. Le responsable de l'organisation de la « fiesta » s'appelait le Paxa. Commerce, concours de chants et de jeux, danses rituelles, conseils de chefs : ces journées étaient bien remplies.

Soupe de glands

Pour ôter l'amertume et le tanin des glands de chênes, les Indiens utilisaient 2 méthodes. La première consistait à réduire les glands en poudre que l'on filtrait à travers du sable ou un panier. La seconde à les immerger dans l'eau ou la boue. Ainsi préparés, les glands servaient à faire de la soupe, de la bouillie ou du pain.

À l'ombre du tipi

La vie des Lakotas était rythmée par les saisons et les déplacements des troupeaux de bisons. Nomades et farouches guerriers, ils vivaient sous des tipis facilement démontables. Hommes, femmes et enfants, chacun avait sa place. Leur culture, typique des Indiens de cette région des Plaines, était organisée autour de la guerre et de la chasse.

De la tribu au clan

Les Lakotas formaient un peuple de guerriers redoutables, avec un mode de vie particulier et très réglementé. Parmi les qualités les plus respectées venaient en tête la bravoure et la grandeur d'âme.

Force de caractère, sagesse et générosité caractérisaient tous les grands chefs sioux.

MYSTÉRIEUX ET SACRÉ

Chez les Lakotas, toute chose mystérieuse ou très importante était « wakan », c'est-à-dire sacrée. Wakan Tanka représentait l'Être suprême, le mystère et le sacré de la vie.

INDISPENSABLES

Les membres de la société akacita étaient choisis par les Wakiconzas parmi les guerriers les plus réputés pour leur bravoure et leur générosité. Les Akacitas devaient faire respecter les lois et maintenir l'ordre dans le camp.

Nation, tribu et clan

La nation lakota, connue sous le nom de Pte Oyate (Peuple bison), était divisée en sept tribus différentes (Oglalas, Hunkpapas, Sicangus, Oohenunpas, Itazipacolas, Miniconjous, Sihasapas). Bien que nomades, les Lakotas restaient toujours en contact et organisaient de grandes réunions tribales et intertribales en été. Le reste de l'année, ils s'éparpillaient en clans, appelés « tiospaye », constitués en général de membres d'une même famille élargie. Les tiospayes formaient des camps autonomes de petite taille, mais jamais trop éloignés les uns des autres.

La hiérarchie de l'ordre

Le pouvoir n'était pas exercé par un seul individu, mais par plusieurs qui se consultaient avant de prendre des décisions, chacun ayant une autorité équivalente. Chaque clan avait au moins un chef, Wicasa Itancan en lakota. Cette position s'obtenait par un mélange de statut familial et de mérite individuel. Ce chef désignait des Wakiconzas, sous-chefs, qu'il choisissait parmi ses amis.

Les couleurs sacrées

Pour les Indiens Lakotas, les couleurs avaient une signification. Ainsi, pour exprimer les directions cardinales ils utilisaient le rouge pour le nord, le noir pour l'ouest, le jaune pour l'est et le blanc pour le sud.

Au cœur des sociétés

Les sociétés, dont certaines étaient guerrières, étaient formées par des groupes d'individus partageant des valeurs et des qualités communes. Leurs noms faisaient souvent référence à un animal totémique possédant une particularité qui caractérisait tous les membres de la société. Dans les sociétés guerrières, l'âge déterminait le niveau de responsabilité : de 15 à 20 ans, les garçons n'étaient pas encore adultes ; venaient ensuite les hommes ayant combattu plusieurs fois, puis ceux qui étaient toujours à la guerre ; au-dessus d'eux, se trouvaient les braves ayant souvent atteint la quarantaine, et enfin, le groupe des anciens.

Les porteurs de chemise

Lors des réunions, les clans sélectionnaient quelques jeunes guerriers, pour leurs qualités de courage et de générosité envers les membres de la tribu. Ces guerriers, les porteurs de chemise, étaient chargés de faire respecter les lois et de montrer l'exemple de bonne conduite. Ils n'avaient pas plus de pouvoirs que les autres responsables, mais étaient très respectés. Ils revêtaient une tunique, peinte en bleu et jaune, et frangée de mèches de cheveux.

Quand les clans se rassemblaient

Chaque été, les clans se regroupaient en tribu pour tenir des assemblées et célébrer la plus importante de toutes les cérémonies religieuses, la Danse du Soleil, qui se déroulait sur plusieurs jours. Un immense camp circulaire se montait avec tous les tipis.

Lors des grands rassemblements d'été, les chefs les plus éminents formaient le conseil tribal et se réunissaient sous un grand tipi placé au centre du camp pour prendre des décisions importantes.

Les tribus lakotas se rassemblaient, en principe, une fois par an.

En famille

Les 2 femmes de Sitting Bull et leurs enfants posant devant le tipi familial.

Sur cette photo, Sitting Bull est âgé de 54 ans.

La famille représentait le groupe le plus important de la société lakota. Elle en était le fondement et chaque prière commençait par : « Mitakuye Oya'sin », ils sont tous mes parents.

La famille élargie

Le groupe père, mère et enfants n'était pas primordial. Oncles, tantes, grands-parents, cousins l'élargissaient et constituaient la véritable famille. Les orphelins étaient élevés par les grands-parents ou les oncles et tantes. Il était fréquent d'adopter un enfant capturé dans une tribu ennemie ou celui d'autres Lakotas. La famille ainsi élargie formait une force suffisante pour toute entreprise guerrière et pour procurer assez de vivres. Elle assurait la cohésion tribale, unissant les Lakotas au monde qui les entourait.

Le sort des prisonnières

Les guerriers capturaient souvent des femmes dans l'espoir de les épouser. La prisonnière pouvait prendre pour mari son ravisseur si elle le désirait. Elle pouvait aussi refuser et, dans ce cas, elle était le plus souvent rendue à sa tribu.

Le mariage, une affaire de cœur

Parfois, les familles « arrangeaient » l'union de leurs enfants. Mais les mariages se faisaient par consentement mutuel entre les jeunes gens et le prétendant devait courtiser longtemps son élue, avant de l'épouser. Pour la séduire, il devait montrer sa bravoure à la guerre et offrir des présents de valeur. Le mariage se concluait dans une profusion de cadeaux échangés entre les deux familles.

Plusieurs noms dans la vie

Les Lakotas ne gardaient pas leur nom de naissance toute leur vie. Ils pouvaient choisir un nouveau nom, lié à un fait marquant de leur existence. Celui de naissance du célèbre Sitting Bull (Bison Assis) était Hunkeshme (Posé, en lakota). Lorsqu'il porta, à 14 ans, son premier coup à un ennemi, son père le baptisa Tatanka Iyotaka (tantanka signifiant bison), comparant ainsi le courage de son fils à celui du bison. Ce nom lui avait été suggéré par l'Esprit d'un bison mâle rencontré lors d'une chasse.

Cet homme vient offrir un cheval à la famille de la jeune fille qu'il veut épouser.

Bébé sioux dans un hamac.

Quand venait le bébé

Dès que naissait un bébé, une vieille femme le lavait. Ensuite, un parent du même sexe que l'enfant lui soufflait dans la bouche, ce qui devait influer sur son caractère futur. Peu après sa naissance, un nom lui était donné. L'enfant était nourri au sein maternel au minimum pendant un an, et parfois jusqu'à trois ans.

Divorcer en musique

Les divorces étaient communs et simples. Il suffisait de battre le tambour pour annoncer publiquement cette décision. Les tipis appartenant toujours aux femmes, l'homme s'en allait avec ses affaires personnelles. Chacun retournant vivre près de ses parents. Dès l'âge de 5 ans, les enfants de divorcés choisissaient librement de vivre chez leur père ou leur mère.

LES TABOUS DES MARIÉS

Les mariages entre frères et sœurs et entre cousins étaient interdits. Une épouse ne pouvait en aucun cas regarder son beau-père directement, ni lui parler. Un homme marié devait respecter ces mêmes tabous envers sa belle-mère. Ils communiquaient entre eux par l'intermédiaire d'une autre personne.

PAPOOSE

Les Blancs donnèrent à tous les enfants indiens le nom de « papoose » par erreur, car ce mot d'origine algonquine signifie « père ».
En lakota, enfant se dit « wakanyeja ».

Famille indienne photographiée en 1897.

LE BÉNÉFICE DE L'ÂGE

Chez les Inuits du Grand Nord, le mariage se faisait sans cérémonie : il suffisait qu'un homme et une femme décident de vivre ensemble. Les hommes épousaient souvent des femmes plus âgées qu'eux, recherchant surtout leur savoir-faire (en couture par exemple) essentiel dans cette région au climat très dur.

L'installation du wico-ti

Quand les Lakotas installaient un camp, chaque famille montait son tipi de façon à ce que l'ensemble forme un cercle. Le camp, ainsi agencé en cercle parfait, s'appelait « wico-ti ».

Les tipis étaient le plus souvent tournés vers l'est, ce qui leur permettait de mieux soutenir les vents d'ouest.

Ouverts vers le soleil levant

L'ouverture du tipi était toujours dirigée vers l'est, du côté du soleil levant. Les hommes importants montaient le leur du côté est du cercle. Quand un tipi était en retrait des autres, cela signifiait que ceux qui y vivaient avaient été punis pour une raison quelconque ou qu'ils étaient en désaccord avec le chef du camp.

Les tipis peints des Blackfeet

Avant que ne disparaissent les bisons, la plupart des Indiens des Plaines décoraient leurs tipis. Mais lorsque la toile remplaça les peaux, beaucoup abandonnèrent cette coutume. Seuls les Blackfeet la conservèrent ; ils devinrent célèbres pour la beauté de leurs peintures. Toujours réalisées par des hommes, elles symbolisaient les rêves et les exploits de celui qui habitait dans le tipi.

Ces tipis blackfeet ont été photographiés par Edward S. Curtis en 1928.

Un pliage très technique

Il fallait 3 chevaux pour transporter un tipi ; 2 pour les longues perches et un 3e pour l'enveloppe en peau de bison. Pour être posée sur la selle du cheval, celle-ci devait être pliée soigneusement selon la méthode ci-dessous.

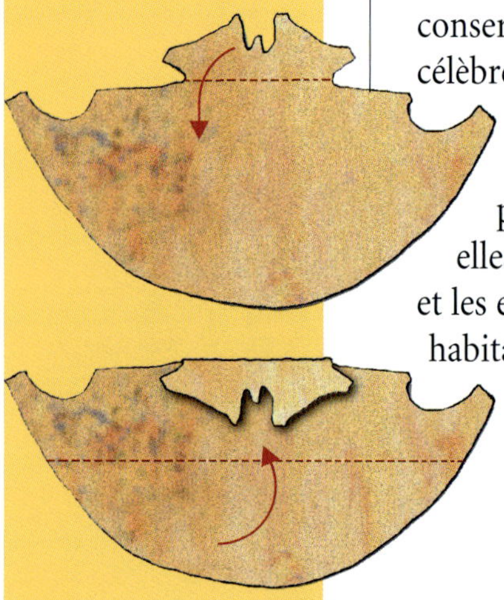

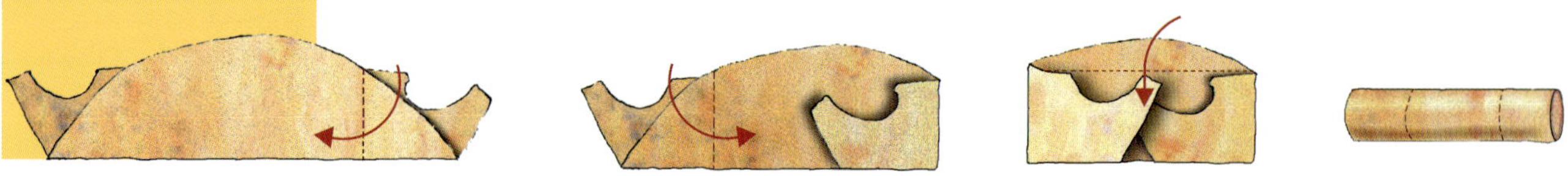

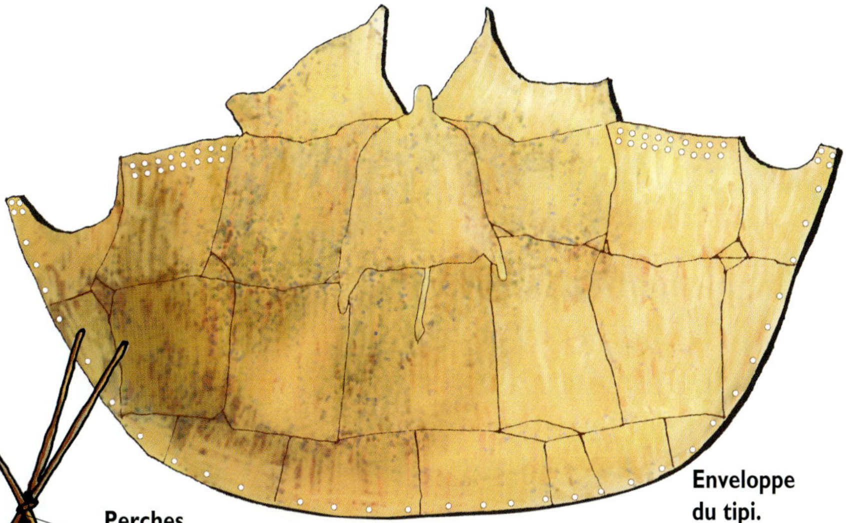

Comment monter un tipi

Les tipis variaient en taille, mais les plus courants mesuraient à peu près 6 mètres de diamètre ; il fallait alors des perches de près de 8 mètres de haut (15 perches et 2 plus fines pour soutenir les pans d'aération au sommet au-dessus de la porte). Les perches devaient être droites, bien écorcées et taillées en pointe pour tenir dans le sol. Le pin était l'arbre le plus utilisé. L'enveloppe du tipi nécessitait environ 12 à 14 peaux de bisons qui avaient été débarrassées des poils, puis tannées par les femmes.

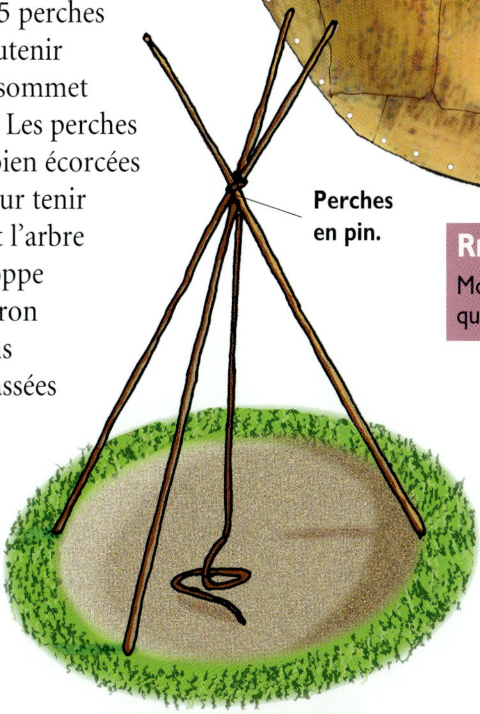

Grace à l'aide du cheval pour les transporter, les tipis purent être plus vastes et mesurer jusqu'à 4,50 m de haut.

Réservé aux femmes !

Monter ou démonter les tipis était réservé aux femmes qui pouvaient faire cela en moins d'une heure.

Orientable à volonté

Le trou d'aération en haut du tipi permettait de faire du feu à l'intérieur. Des perches tenant les 2 oreillettes permettaient d'orienter l'ouverture suivant le souffle des vents ou de fermer le sommet.

Comme des tipis

La plupart des tribus des Plaines (Crows, Cheyennes, Blackfeet) utilisaient le tipi. Les Umatillas, dans la région du Plateau construisaient des maisons de forme conique comme le tipi, mais recouvertes de nattes végétales en jonc. La hutte en bois, ci-dessus, est située dans une réserve apache.

Au chaud dans le tipi

Chaque famille avait son tipi. Jusqu'à huit personnes pouvaient y vivre. Les femmes préparaient la cuisine et la famille mangeait autour du feu. Dès qu'un couple se formait, il s'installait dans son propre tipi. Les grands-parents devenus trop vieux pour vivre seuls habitaient parfois chez leurs enfants.

➤ **Pour en savoir plus sur les anciens, reporte-toi aux pages 54 et 55.**

Le siège traditionnel s'appelait un « back-rest » (repose-dos). Il était construit avec des branches de saule liées les unes aux autres, il s'appuyait sur un trépied dressé.

LA DOUBLURE

La doublure (en peau ou en toile, haute de 1,50 m et tendue sur toute la circonférence) était nouée aux perches, à l'intérieur du tipi. Elle servait à isoler les occupants de l'humidité extérieure et de la buée. Grâce à ce système, l'eau qui suintait le long des perches par temps de pluie ne touchait personne. De plus, elle créait un système d'aération et d'isolation permettant de garder le tipi chaud en hiver et frais en été. Elle était souvent décorée de peintures ou de perlage.

Au centre du tipi, il y avait le foyer pour faire le feu. Autour, les lits (des couvertures, des peaux chaudes) étaient installés à même le sol, parfois sur un tapis de branchages.

Bien se tenir dans un tipi

Si la porte d'un tipi était ouverte, les amis pouvaient y entrer sans prévenir ; si elle était fermée, il fallait qu'ils annoncent leur présence et attendent d'être invités à l'intérieur. Lorsqu'un invité masculin entrait, il allait vers la droite et patientait jusqu'à ce que le chef de famille l'invite à s'asseoir sur sa gauche, au fond. Une femme se dirigeait toujours vers la gauche. Les invités ne passaient jamais entre une personne et le feu central mais par derrière.

Aux perches, on accrochait les objets usuels et cérémoniels : armes, carquois, objets fétiches.

De la petite fille à la femme

Cette jeune fille sioux est âgée de 11 ans.

Ces chokers – colliers enserrant le cou – étaient faits en os et ornés au centre d'un coquillage nacré.

Dans la société lakota, les femmes et les hommes travaillaient en complémentarité. Les activités des hommes n'étaient pas considérées supérieures à celles des femmes.

Les qualités féminines

Pour les Lakotas, la femme devait être aimante, travailleuse et généreuse, bonne avec les humains comme avec les animaux. Elle devait aussi faire preuve de courage et respecter les règles de bonne tenue, comme s'asseoir à gauche dans le tipi en pliant les jambes vers la droite, pieds dirigés vers l'arrière.

L'éducation des petites filles

Les enfants n'allaient pas à l'école. Les grands-parents, les patriarches leur enseignaient, sous forme de contes racontés, l'histoire, les rites et les coutumes de la tribu. Les dix premières années d'une fillette ressemblaient à celles des garçons. Sa mère, cependant, lui inculquait les règles de bonne conduite féminine et les tâches ménagères les plus simples, elle lui apprenait aussi à s'occuper des cadets. En jouant à la poupée, la fillette découvrait son rôle de future mère.

Les gardiens des jeunes filles

Lorqu'elle atteignait 10 ans, la fillette perdait peu à peu sa liberté de mouvement. Elle était chaperonnée par des grands-parents, des oncles et tantes, et souvent des frères aînés. Ces gardiens, les hakatakus, veillaient, entre autres, à la protéger des avances des jeunes garçons.

Le passage à l'âge adulte

Pour fêter la puberté d'une fille, dans la plupart des tribus, la famille organisait danses et festin. Chez les Klickitats, dans la région du Plateau, la jeune fille se joignait aux danseurs ; au contraire, chez les Wishrams, dans la même région, elle se tenait à l'écart du cercle de danse et chantait pour les danseurs.

Les jouets des enfants étaient souvent fabriqués en peau.

Après la puberté

Dès que la jeune fille atteignait l'âge de la puberté, une cérémonie publique, avec festin et danses, était donnée par ses parents pour confirmer son nouveau statut de femme. Sa mère, ou d'autres femmes, lui enseignait alors l'art du tannage des peaux et de la décoration aux piquants de porc-épic et au perlage. Elle apprenait à confectionner les vêtements, les mocassins. Chaque fois qu'une fille avait ses règles, elle était tenue à l'écart et n'avait pas le droit d'approcher les objets sacrés, ni les armes.

Les Esprits et les jeunes filles

Les fillettes et les femmes pouvaient être contactées par des Esprits qui leur donnaient des pouvoirs spéciaux, comme aux garçons. Mais la Femme Double n'apparaissait qu'aux filles. Cet Esprit, fille des divinités Wazi (le Magicien) et Kanka (la Sorcière) fut punie pour désobéissance par l'Esprit supérieur Skan (le ciel) qui lui donna deux visages et la rendit horrible. La fillette qui avait rencontré la Femme Double pouvait devenir, une fois adulte, une puissante chamane.

Les femmes portaient parfois leur bébé sur le dos à l'aide d'une bande de tissu.

La squaw

Ce mot signifiait « femme mariée » en algonquin. Mais employé par les Blancs, il devint péjoratif. Ceux-ci comprenaient mal le rôle des Indiennes ; parfois ils les idéalisaient en leur donnant le titre de « princesse », mais dans la plupart des cas, ils les considéraient comme des sauvages et les appelaient « squaws » ou « femelles ».

Au camp, les femmes étaient très actives : cuisine, tannage des peaux, ramassage du bois étaient quelques-unes de leurs multiples activités.

Le Blanc et l'Indienne

Un Blanc épousant une Indienne était appelé « squawman ». L'épouse indienne d'un Blanc avait moins de travaux à sa charge, mais elle perdait ses droits en tant que femme parmi les siens. En cas de divorce, ses enfants, ses biens, sa maison, revenaient à l'homme blanc.

L'apprentissage du guerrier

Ce jeune sioux a déjà son arc en main.

La guerre dominait la vie des Lakotas. Les petits garçons devenaient des guerriers très tôt. Ils n'hésitaient pas à aller au-devant des dangers, car ils cherchaient à prouver leur bravoure pour gagner une réputation de « brave ».

Hache.

Bouclier.

Une discipline en douceur

Les Lakotas n'utilisaient jamais la force physique pour apprendre la discipline à leurs enfants. Les petits garçons étaient simplement sermonnés longuement et les parents se devaient de leur apprendre le respect, en douceur. Les enfants n'avaient pas le droit de pleurer, ils étaient plutôt câlinés que punis.

Technique d'attaque

Pour combattre, les Lakotas formaient de petits groupes de guerriers très mobiles, frappant vite et disparaissant aussitôt. Ils étaient maîtres dans l'art de l'approche silencieuse, du harcèlement et de la guérilla. Au printemps, après les premières chasses, les guerriers parcouraient les Plaines à la recherche d'un adversaire.

Les pipes de guerre

Fumer revenait à entrer en communication avec les Esprits. Aussi le calumet était-il un objet très important. La pipe de guerre avait son tuyau peint en rouge, alors que celle de paix était bleue.

Une leçon de tir à l'arc en juin 1900.

Le rôle du père

Le père confectionnait pour son fils les arcs, les flèches et les carquois, et lui enseignait très tôt à s'en servir. Il lui apprenait aussi à monter à cheval et à en prendre soin. C'était d'ailleurs le rôle du garçon de s'occuper du troupeau familial. Le père l'encourageait dans son rôle de chasseur, le préparant, lui montrant les techniques, l'aidant à traquer le petit gibier. Il lui parlait sans cesse de ses devoirs de futur guerrier.

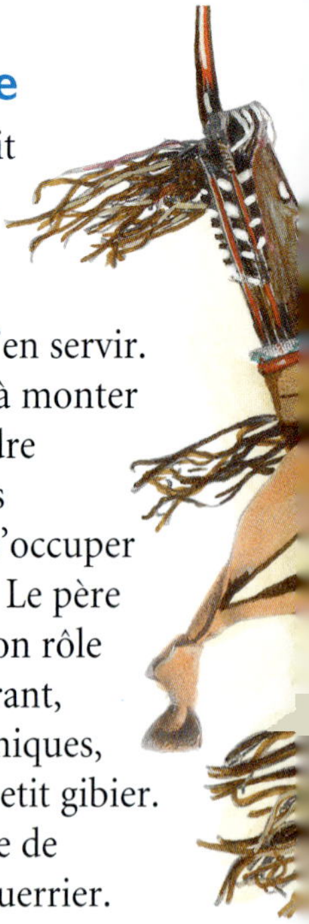

Arc et carquois.

Devenir un guerrier

Vers 7 ans, le garçon pouvait participer à sa première expédition guerrière qui pouvait l'emmener à plusieurs jours de cheval de son camp. Mais il était cantonné au rôle d'aide et se tenait à l'écart du combat pour garder les chevaux et surveiller les équipements. Généralement, il choisissait d'accompagner un groupe de guerriers sans que les hommes de sa famille en fassent partie. Il passait ainsi peu à peu de l'enfance au monde des adultes.

Guerriers sur le chemin de la guerre en 1908.

Le nom secret

Le petit garçon appelé par son nom de naissance en avait un deuxième, secret qui n'était jamais prononcé. Le père offrait un cheval à un winkte (homosexuel) et lui demandait de choisir ce nom, qui assurerait à l'enfant bonne santé et longue vie. Car les winktes étaient réputés vivre vieux, sûrement parce qu'ils ne faisaient pas la guerre. S'il n'y avait pas de winkte, un homme-médecine donnait le nom secret.

Coutelas dans un porte-couteau habilement décoré.

La vie du guerrier

À l'âge de 15 ans, si un garçon avait cherché à recevoir une vision, il pouvait espérer se faire accepter dans une des sociétés de guerriers. Il y en avait plusieurs avec des rites divers dont des danses et des chants d'initiation. Le chant des Yuhas (porteurs de lances) disait : « Un Yuha n'est jamais revenu vaincu d'un combat. Il a été élevé pour combattre l'ennemi et c'est ce que l'on attend de lui. »

LA MUSIQUE DE L'AMOUR

Une flûte fabriquée par un chamane réputé dans les affaires de cœur constituait un élément indispensable pour séduire une jeune fille. Cette flûte en bois de genévrier était souvent décorée d'un dessin de cheval, considéré comme un fougueux amoureux. Le jeune homme apprenait à en jouer pour attirer son élue, qui ne pouvait résister au son de la flûte.

Le respect aux anciens

Vieillir seul

Les vieillards sans parents pour les recueillir vivaient seuls à la lisière des camps. Les jeunes hommes leur apportaient des vivres, mais ils demeuraient dans l'insécurité constante.

Une pratique dénoncée

Il arrivait qu'une famille pauvre, sans cheval pour porter son parent affaibli, l'abandonne quand il ne pouvait plus suivre lors des déplacements. On lui laissait de quoi survivre quelques jours. Cette pratique rare, mais réelle, était très mal vue dans la tribu.

Trois tours rituels

Les rites funéraires variaient selon les tribus. Chez les Chumashs de Californie, un chamane tournait 3 fois autour du corps recouvert d'une peau et à chaque tour, il soulevait la peau et soufflait un peu de la fumée du tabac qu'il fumait. Le défunt était ensuite enterré dans un cimetière sur une colline. Sur un long pieu marquant la tombe, on accrochait des objets favoris du mort.

Les sociétés lakotas se différenciaient surtout par des critères d'âge. La maturité signifiait sagesse et assurait aux femmes comme aux hommes un statut social très respecté. Les Lakotas n'avaient pas peur de vieillir.

Chez les Sioux, les liens entre les plus jeunes et les plus vieux étaient très forts.

Les anciens, gardiens du savoir

Chez les Lakotas, les valeurs, l'histoire et les croyances de la tribu prenaient corps dans des légendes transmises oralement. Les anciens étaient les détenteurs de ce savoir précieux et leur rôle était de le communiquer aux nouvelles générations, afin de ne jamais le perdre. Certaines personnes considéraient que la vieillesse, libérant des tâches dures quotidiennes, était la meilleure période de la vie.

La société des Nacas

La Naca était une société civile, contrairement à celle, guerrière, des Akacitas. Elle était composée d'hommes âgés et se divisait en plusieurs groupes. La Naca Ominicia représentait le congrès des patriarches constitué d'anciens chefs, de guerriers, de chasseurs renommés et de chamanes. Aucune décision politique ne pouvait être prise sans consulter cette puissante société.

Du plus jeune au plus vieux, chaque Lakota avait sa place dans le groupe.

Cette plate-forme funéraire d'un chef sioux a été peinte par Karl Bodmer au XIXe siècle.

Marcher sur la Piste des Esprits

Le rituel « wacekipaya » montrait à quel point les vivants respectaient la mort. Quand une personne mourrait, les plus proches parents portaient le deuil : les hommes se transperçaient les bras à l'aide de broches et les femmes tailladaient leurs membres, et parfois même s'amputaient de la première phalange du petit doigt. Tous se coupaient les cheveux et faisaient le tour du camp en se lamentant. Les Lakotas pensaient que l'Esprit du défunt parcourait la « Piste des Esprits » avant de parvenir à « la Terre des nombreux tipis » où se retrouvaient tous les ancêtres.

Le gardien de l'âme

Le gardien de l'âme, wanagi yuha, préparait l'âme du défunt pour son dernier voyage. Le corps était installé dans un tipi appelé « tipi de l'âme ». Un petit sac, contenant une mèche de ses cheveux et des herbes aromatiques, était posé près de lui, puis remis à sa famille. Le gardien le veillait et lui adressait des prières, en faisant brûler de l'encens. Quatre jours plus tard, une grande réunion avait lieu dans le tipi où l'on rendait un dernier hommage au mort. Ainsi, l'âme apaisée du défunt pouvait quitter le corps pour rejoindre la terre des ancêtres.

DERNIER REPOS

Quand le corps du défunt quittait le « tipi de l'âme », il était conduit sur une plate-forme funéraire près du campement. Il était déposé tout en haut de l'échafaudage, dans ses plus beaux vêtements et entouré de ses objets les plus précieux.

FIDÈLE COMPAGNON

Le cortège était précédé par un ami proche qui tenait par la bride le cheval favori du mort. L'animal devait accompagner et porter son maître dans l'au-delà. Il était sacrifié au pied de l'échafaudage.

Sur la piste des signes

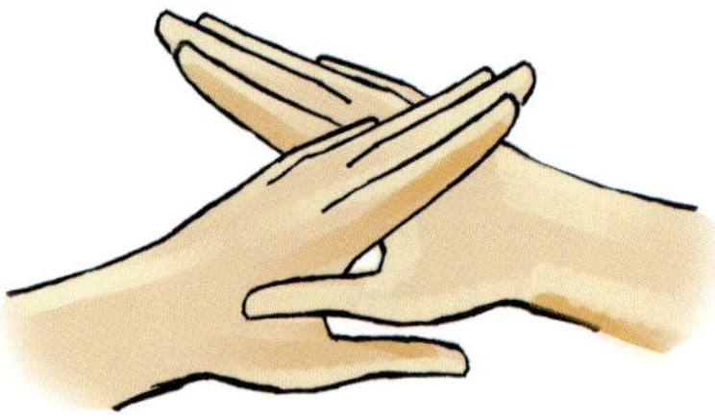

Les Indiens parlaient de nombreuses langues, mais ne les écrivaient pas. Ils développèrent des méthodes de communication fondées sur des symboles dessinés ou sur l’utilisation particulière de certains objets (coquillages, vêtements, plumes...). Ils savaient aussi faire parler la nature.

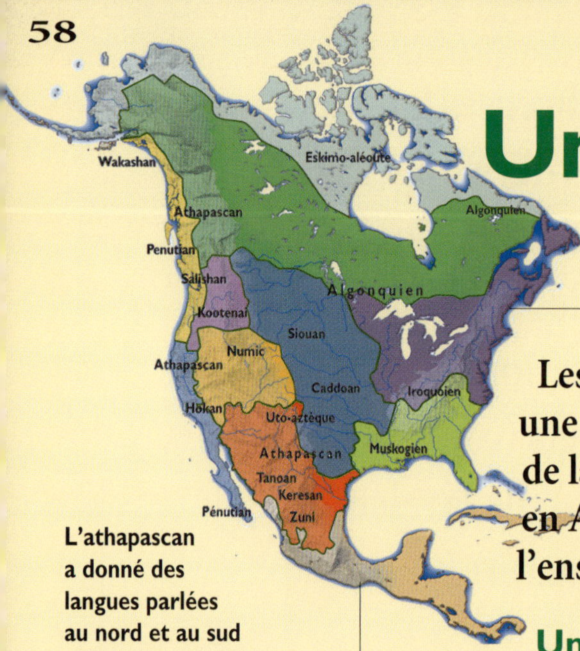

L'athapascan a donné des langues parlées au nord et au sud du continent, preuve des longues migrations des tribus indiennes.

Une mosaïque de langues

Les Indiens excellaient dans une activité spécifique aux humains : l'élaboration de langues. Le nombre de langues indiennes parlées en Amérique du Nord était plus important que l'ensemble de celles parlées dans toute l'Europe.

Un casse-tête pour linguistes

Malgré la grande diversité des langues indiennes (plus de 300 avant l'arrivée des Blancs), certaines avaient des origines communes qui permirent aux chercheurs d'établir un classement et de les diviser en groupes. En 1891, l'explorateur et ethnologue, J. W. Powell les répartit en 58 familles linguistiques. En 1979, Campbell et Mithun en distinguaient 62. Au xxe siècle, d'autres chercheurs proposèrent de nouvelles classifications : en 1929, Edward Sapir les regroupa en six groupes composés de plusieurs de ces familles.

Une syntaxe étrange

Une famille linguistique comprenait plusieurs langues différentes ayant toutes des similitudes grammaticales, phonétiques et de vocabulaire, prouvant une origine ancienne commune. La plupart des langues indiennes étaient « polysynthétiques », les parties d'une phrase décrivant des actions se soudaient en un long mot composé. Par exemple, les Paiutes du Sud composaient la phrase : « Eux qui vont s'asseoir et découper un bison avec un couteau » en un seul mot : « wiitokuchumpunkurüganiyugwivantümü ».

Deux fois un

Répéter 2 fois un mot exprimait la notion de pluriel ou d'intensité comme pour le mot chumash « ma » (lièvre), qui devenait au pluriel « ma ma » (lièvres).

Ces visages sont extraits d'un tableau réalisé au XIXe siècle, présentant les nombreuses tribus peuplant le continent américain.

La hiérarchie des mots

Une des caractéristiques les plus étonnantes des langues indiennes était une particularité grammaticale appelée « hiérarchie de l'animé » . Ainsi, dans la phrase « le cheval renversa le garçon » , une langue indienne disait : « Le garçon, cheval, renversa. » Même si le sujet était « cheval », il était dit après le complément d'objet « garçon », car pour les Indiens, un humain se plaçait avant un animal, de même qu'un animal se plaçait avant un objet. En dehors de cela, l'ordre le plus commun des mots dans une phrase était : sujet-complément d'objet-verbe.

Le pouvoir des langues

La langue faisait partie de la culture d'un peuple, tout comme ses mythes ; elle marquait sa différence. S'exprimant dans la langue de leur tribu, les jeunes se sentaient plus proches de leurs ancêtres et cela renforçait leur sentiment de fierté d'appartenir à une communauté unique. Il était impossible de traduire certaines expressions sans leur faire perdre leur sens véritable. De même, beaucoup d'Indiens dédaignaient l'écriture apportée par les Blancs et préféraient conserver leur tradition orale. Pour eux, les textes écrits n'avaient pas le pouvoir vital des mots dits.

FAMILLES ET LANGUES

Les noms donnés aux familles linguistiques par les linguistes se reportaient aux noms des langues les plus employées. Ils ajoutaient simplement « an » ou « ien ». Par exemple, la famille linguistique « iroquoien » tient son nom de « l'iroquois ». Plusieurs tribus du même peuple (comme les Lakotas) avaient des dialectes différents.

La famille linguistique algonquien était la plus commune. Dans les temps historiques, les tribus parlant des langues de cette famille s'étalaient de la côte ouest à la côte est.

L'eskimo-aléoute
Inuits, Aléoutes

Le kootenai
Kootenais

L'algonquien
Innus, Crees, Abénakis, Algonquins, Micmacs, Nipissings, Ojibways, Menominees, Kickapoos, Powhatans, Winnebagos, Arapahos, Cheyennes, Blackfeet

Le siouan
Sioux, Crows, Mandans, Hidatsa, Otos, Omahas

Le salishan
Tillamoooks, Salishs, Pend-d'Oreilles

Le numic
Shoshones, Utes, Pauites

Le caddoan
Arikaras, Wichitas

L'athapascan
Gwitch'ins, Tutchones, Tagishs, Tananas, Tlingits, Haidas, Kiowas, Apaches, Navajos, Pomos

Le wakashan
Nootkas, Makahs, Kwakiutls

Le muskogien
Creeks, Choctows, Chickasaws, Séminoles

L'iroquoien
Iroquois, Hurons, Cherokees

Le penutian
Chinooks, Nez-Percés, Umatillas, Cayuses, Walla-Wallas

Le hokan
Washoes, Chumashs

Le zuni
Zunis

Le tanoan
Tanoans

L'uto-aztèque
Comanches, Hopis

Le keresan
Keresans

Le langage des signes

CHEF

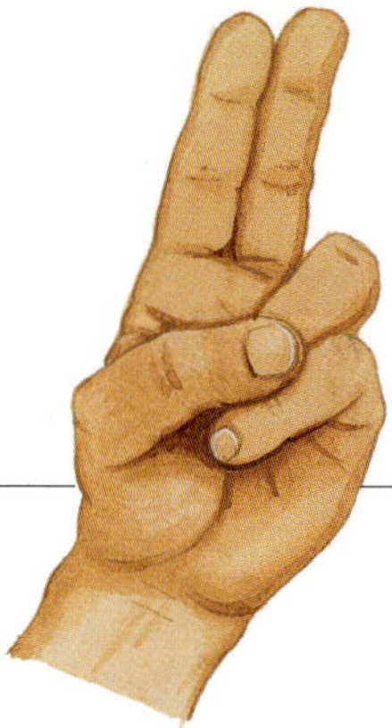

AMI

Dans la région des Plaines, seuls certains Indiens parlaient différentes langues et dialectes. Mais tous pouvaient communiquer entre eux par le langage des signes.

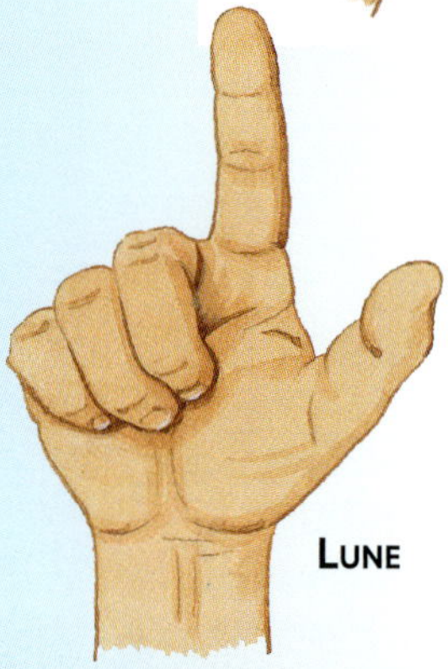

LUNE

Un langage universel

Comme le commerce et le troc entre les nombreuses tribus des Plaines étaient très importants, les Indiens de cette région durent inventer un langage compréhensible par tous. Ce fut le langage des signes, une élégante façon de communiquer sans la barrière des sons, simplement avec les mains. La plupart de ces tribus étant nomades, le besoin de se faire comprendre par ceux qu'elles rencontraient profita au développement de cette langue particulière. Non seulement elle facilita les échanges commerciaux, mais aussi les échanges entre amis et alliés.

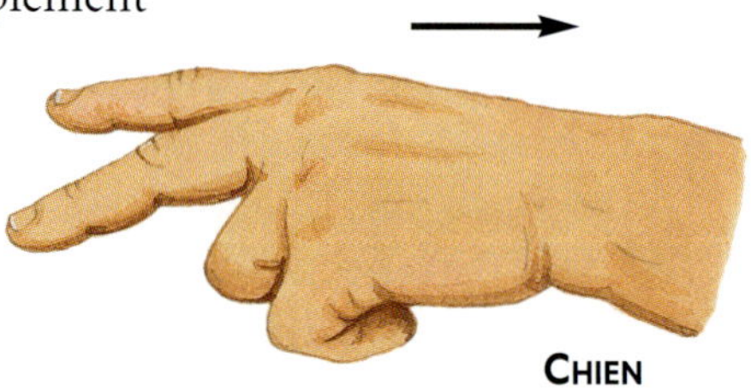

CHIEN

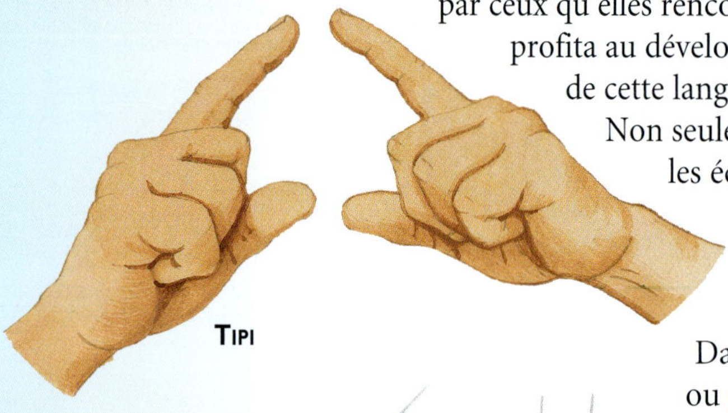

TIPI

Pourquoi ce langage ?

Dans les Plaines, aucune nation n'était économiquement ou politiquement supérieure à une autre et donc ne pouvait imposer sa propre langue. De plus, contrairement aux idées européennes, les Indiens ne considéraient pas que les gestes étaient des formes « primitives » d'expression. Ils avaient autant de valeur que les mots prononcés. Et enfin, cette façon de communiquer était plus facile à apprendre qu'une langue parlée, parce que les gestes représentaient, la plupart du temps, les actions ou les objets décrits. Elle évolua en passant peu à peu de la représentation au symbole.

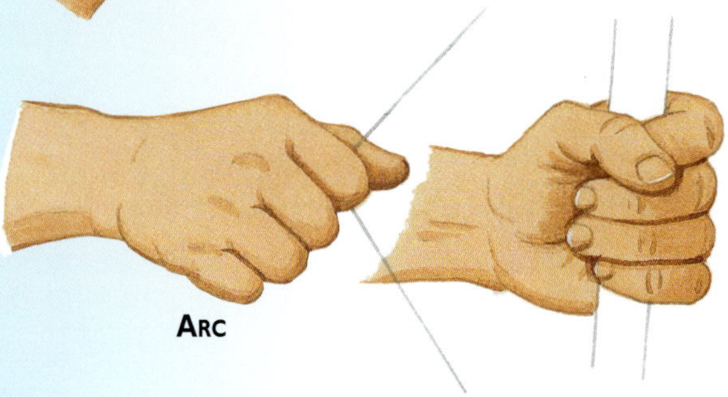

ARC

PAIX

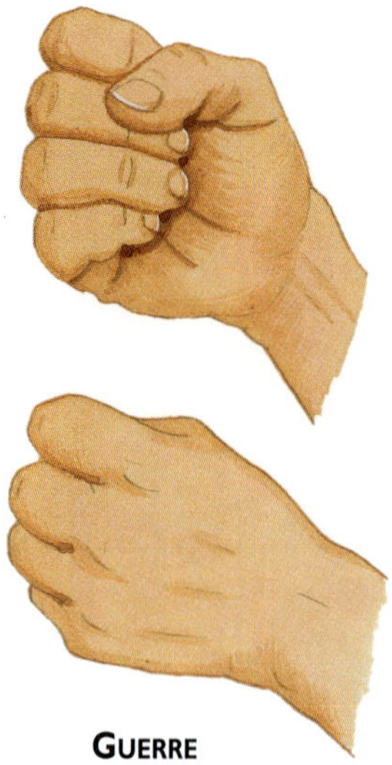

GUERRE

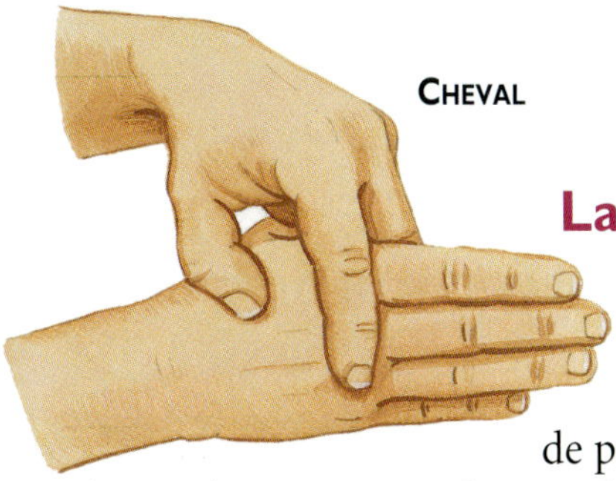

CHEVAL

La force du silence

La plupart des gestes se faisaient à hauteur de poitrine, souvent avec les deux mains, mais de préférence la droite avant la gauche qui servait de complément. Certains signes se ressemblaient et il fallait une grande attention pour suivre la « conversation » silencieuse quand le rythme devenait rapide. Les gestes étaient souvent intuitifs comme, par exemple, de placer verticalement le doigt sur les lèvres pour obtenir le silence. Parfois, les chefs voulant s'exprimer dans la foule le faisaient par langage des signes, imposant ainsi à chacun d'être attentif pour comprendre leurs propos et y répondre.

BISON

Utile et indispensable

Ce langage devenait indispensable sur la piste de la guerre, quand les guerriers devaient communiquer entre eux sans se faire entendre de leurs ennemis. Lors des chasses communes aux bisons, il arrivait que d'autres tribus ne parlant pas la même langue se trouvent sur le même terrain de chasse : le langage des signes était alors utilisé pour coordonner les actions. Lorsque les Indiens des Plaines racontaient des histoires, ils prenaient plaisir à se servir des signes, même si tous parlaient la même langue. Les trappeurs et les explorateurs blancs apprirent très vite cette façon d'échanger pour communiquer avec les Indiens.

SIGNES PARTICULIERS

Chaque tribu avait un signe particulier pour lui permettre de se présenter.

Les Comanches imitaient le glissement des serpents.

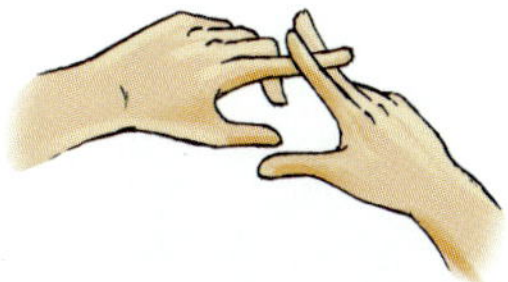

Les Cheyennes faisaient le geste de se couper les doigts.

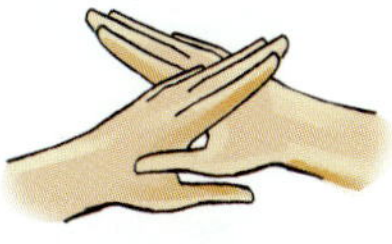

Les Corbeaux imitaient le vol des corbeaux.

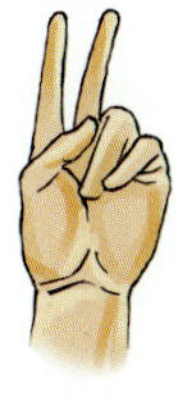

Les Pawnees faisaient le signe V.

Quant aux Nez-Percés, ils se passaient l'index sous le nez.

POUR APPELER EN SILENCE

C'était un des signes les plus employés. Il fallait tenir la main droite fermée devant la bouche, le pouce touchant les autres doigts et les phalanges tournées vers les autres personnes. Ensuite, sans quitter cette position, il fallait étendre l'index en direction des autres.

James W. Schultz, auteur de nombreux livres sur les Indiens dans les années 1920, utilisait le langage des signes pour collecter le matériau de ses ouvrages.

UN SIGNE POUR « INDIEN »

Chaque tribu portait un nom traduisible en langage des signes. Le mot « indien » se faisait ainsi : avec le bout des doigts de la main droite, il fallait frotter la main gauche tendue, paume vers le sol, en remontant du poignet vers les doigts, au moins 2 fois.

Signes de piste et de fumée

Les Indiens parcouraient de grands espaces sans repères autres que géographiques. Pour signaler leur passage et communiquer à distance, ils recouraient, par des méthodes naturelles, aux signaux optiques.

Les signaux de fumée

Une colonne de fumée au sommet d'une colline signalait la présence des Indiens qui faisaient surtout ces feux pour communiquer entre eux. Ils allumaient un foyer à l'aide de bois et de brindilles humides afin de dégager plus de fumée. Il leur suffisait ensuite, à l'aide d'une couverture ou d'une peau, de couvrir puis découvrir le foyer, selon un rythme précis qui répondait à un code établi. La nuit, ils tiraient en l'air des flèches enflammées.

Les signes de piste

Lorsque les groupes se déplaçaient, il y avait toujours des éclaireurs qui partaient en avance. Ils laissaient derrière eux des messages, selon les matériaux dont ils disposaient : ils attachaient ensemble des herbes fraîches, posaient des pierres les unes sur les autres, plantaient des brindilles, ou gravaient des dessins simples sur les troncs des arbres. Ils savaient faire parler la nature pour indiquer la bonne direction, ou donner des renseignements précis comme signaler un campement ennemi proche ou un troupeau de bisons.

Le langage des plumes

Le langage des plumes servait essentiellement aux guerriers. Selon la façon dont elles étaient taillées ou colorées, elles indiquaient les hauts faits accomplis. Ainsi, chez les Hidatsas, une plume d'aigle ornée à son extrémité d'une touffe de crin rouge signifiait que le porteur avait été le premier à tuer un ennemi lors d'un combat. Pour les Lakotas, une plume d'aigle portant trois points rouges du même côté signifiait que le guerrier avait tué trois ennemis. La plume la plus prestigieuse était celle de l'aigle.

Le langage des robes

Les Indiens portaient des peaux de bison ou des couvertures par-dessus leurs costumes pour se protéger du climat ou pour parader. Ces genres de capes étaient couramment appelées « robes ». Certains Indiens, dont les Omahas, s'en servaient aussi comme d'un système de communication. Selon la façon dont ils se drapaient, ils exprimaient des sentiments, des actions. Lorsqu'ils se recouvraient le corps et la tête, tenant leur « robe » à moitié ouverte sur le devant du corps, cela exprimait la colère. La porter jetée sur une épaule signifiait que la personne s'apprêtait à courir.

Cette coiffe de guerre en plumes d'aigle était portée par le guerrier le plus valeureux de la tribu. Chaque plume représentait la protection d'un guerrier.

LES MOTS DU SOLEIL

Lorsque les Indiens découvrirent les miroirs, grâce au troc avec les Blancs, ils s'en servirent en jouant avec les rayons du soleil, pour s'envoyer des messages, comme ils le faisaient avec la fumée .

Les caravanes de colons craignaient toujours de voir apparaître sur le sommet d'une colline une colonne de fumée !

LES COULEURS DES FUMÉES

Les Indiens modifiaient la couleur des signaux de fumée selon les matières utilisées. Une fumée noire signifiait le danger ou de mauvaises nouvelles, une fumée blanche représentait de bonnes nouvelles (réunion festive, victoire, etc.).

Des dessins qui parlent

Peintures dans une grotte chumash en Californie.

La force de l'éclair

Parmi les symboles les plus forts se trouvait celui de l'éclair représenté par des zigzags. Il signifiait que le cavalier avait eu des contacts directs (foudre, éclairs) ou en visions avec l'esprit puissant du tonnerre.

Avant leurs premiers contacts avec les Blancs, les Indiens n'avaient pas de langage écrit. Cependant, ils réussirent, à l'aide de dessins symboliques, à établir des codes de communication visuelle.

L'ancienneté des pictogrammes

Dans les grottes, surtout dans le sud-ouest des États-Unis, de nombreux pictogrammes dessinés sur les rochers témoignent de la présence très ancienne des Indiens. Pour réaliser ces dessins narratifs, ils utilisaient des pigments naturels, tels l'oxyde de fer, le charbon, la terre ocre. Certains de ces dessins purent être conservés parce qu'ils se trouvaient à l'abri des intempéries. Plus tard, ces pictogrammes se firent sur des peaux, sur de l'écorce d'arbre ou sur des tissus, puis, après l'arrivée des Blancs en Amérique, sur du papier.

Le prestige des tipis

Les hommes réalisaient les peintures sur les tipis en suivant un rituel cérémoniel, s'accompagnant de prières, d'encens, de chants. Les peintures n'étaient pas seulement décoratives, mais plutôt une marque de prestige. Les dessins étaient symboliques, ils représentaient des visions, des récits de victoires, ou encore des emblèmes d'appartenance à une société guerrière ou religieuse. Le tipi peint avait une signification particulière, que chacun pouvait reconnaître de loin. Les cercles dessinés représentaient toujours l'unité tribale, la terre et le cycle de la vie.

Ce tipi assinibois est orné de motifs (crânes de bisons, lune) symbolisant une vision de son propriétaire.

Peintures magiques

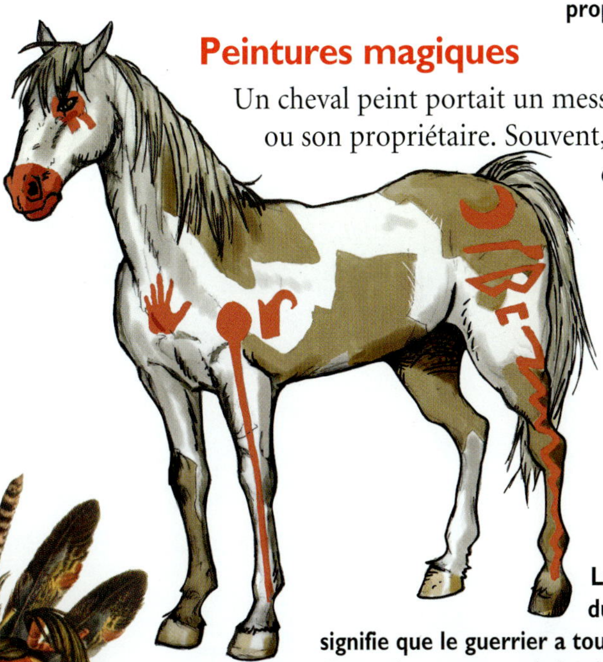

Un cheval peint portait un message concernant ses prouesses ou son propriétaire. Souvent, avant d'effectuer un raid en terre ennemie, le cavalier peignait son cheval en même temps que lui-même et en employant les mêmes teintes. Cela effrayait les ennemis et portait chance. Parfois, les motifs étaient un signe de reconnaissance entre guerriers appartenant à une même société secrète.

Les cornes symbolisent la vivacité du cheval, la main sur le poitrail signifie que le guerrier a touché un ennemi, la bande partant d'un point rouge sur la jambe indique que l'animal a été blessé.

LES CALENDRIERS D'HIVER

Appelés aussi Contes d'hiver ou Chroniques d'hiver, les Calendriers d'hiver de la tribu étaient des récits historiques composés de pictogrammes peints, souvent en spirale, sur une peau de bison. Les « conteurs d'hiver » les conservaient et les actualisaient. Transmis de génération en génération, ils relataient les événements importants de chaque année écoulée et constituaient la mémoire de la tribu. Les Ojibways utilisaient des rouleaux d'écorce de bouleau.

Pourquoi les Peaux Rouges ?

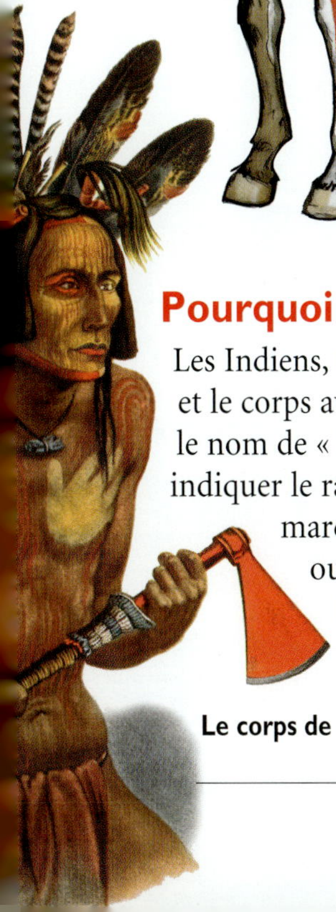

Les Indiens, femmes et hommes, se peignaient souvent le visage et le corps avec des pigments rouges, ce qui leur valut le nom de « Peaux Rouges ». Ces dessins pouvaient indiquer le rang et les mérites de la personne, être des marques d'appartenance à une société religieuse ou des symboles protecteurs. S'enduire le visage et le corps servait aussi simplement à se protéger des insectes et du soleil.

Le corps de cet Indien est orné de signes de guerre.

LE TATOUAGE COMME UNITÉ DE MESURE

Cette coutume était commune à beaucoup de tribus. Les Inuits se tatouaient des marques sur la joue pour révéler combien de baleines ils avaient tuées. Les Hupas de Californie se tatouaient 10 lignes parallèles sur la partie interne du bras ; elles servaient en quelque sorte de jalon de mesure, quand ils évaluaient les colliers de coquillages utilisés comme monnaie.

Sequoyah pensait que la maîtrise de l'écriture serait un atout face à l'avancée des Blancs.

Une invention cherokee

Certains Indiens, au contact avec les Blancs, voulurent écrire pour préserver leur culture menacée par celle des nouveaux arrivants. Mais cette technique des Blancs pouvait-elle restituer fidèlement leurs pensées ?

Sequoyah, un homme obstiné

Né vers 1765 de père blanc (Nathaniel Gist), Sequoyah appartenait de par Wu-te-he, sa mère cherokee, à une grande famille de chefs célèbres. Il fut élevé, dans sa tribu, par sa mère. Lorsque vers 1809, il déclara qu'il voulait inventer une méthode de « feuilles qui parlent » comme celle des Blancs, ses amis se moquèrent de lui et le soupçonnèrent de folie. Obstiné, il consacra douze années à son projet en travaillant sur des bouts de papier et des planchettes, avant de réussir en 1821.

Des mots aux sons

Sequoyah s'inspira des hiéroglyphes qui abondaient dans sa région (le Sud-Est). Il tenta d'abord de reproduire les mots cherokees en symboles : un dessin pour chaque mot, ce qui s'avéra vite une tâche impossible. Il décida alors d'essayer avec les sons. Après avoir longuement écouté sa langue parlée, il finit par isoler 85 sons auxquels il attribua un symbole. Il créa ainsi son syllabaire : chaque syllabe était représentée par un caractère. Il imita aussi des lettres de l'alphabet anglais, mais sans aucune correspondance phonétique.

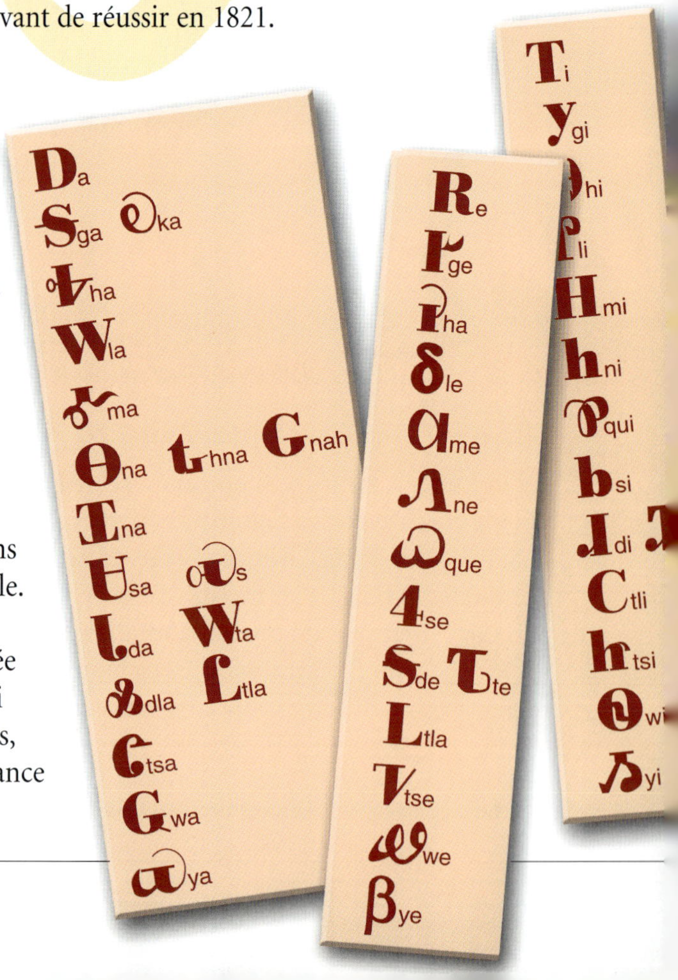

Paroles mortes

Le terme « feuilles qui parlent » était employé par les Cherokees pour se moquer des Blancs. Ils disaient que les paroles des Blancs étaient comme des feuilles mortes qui s'en allaient au vent, lorsqu'ils ne respectaient pas leurs promesses.

D'autres tentatives

En 1880, le missionnaire E. J. Peck inventa pour les Inuits un système de caractères syllabiques afin d'écrire dans leur langue.

Accusé de sorcellerie !

Sequoyah fut le premier à inventer seul un nouveau système d'écriture. Bien que son invention fut pacifique, lui et sa fille A-Yo-Ka (à qui il avait appris sa méthode) furent accusés de sorcellerie par la tribu. Selon la loi cherokee, avant d'être mis à mort, les accusés avaient droit à un procès. Des guerriers séparèrent le père et sa fille, pour vérifier s'ils pouvaient communiquer sans se voir, grâce aux bouts de papier couverts de signes. La démonstration prouva que les symboles sur papier représentaient vraiment la parole et tous reconnurent la valeur de la méthode de Sequoyah.

L'utilisation du syllabaire

L'utilisation du syllabaire eut une grande influence sur la vie des cherokees. En 1827, un missionnaire soutenu par le conseil tribal cherokee permit l'acquisition d'une presse mécanique construite avec les caractères de Sequoyah. La lourde machine partit de Boston et voyagea par bateau, puis chariot, pour atteindre la capitale cherokee, New Echota. Et le 21 février 1828, le premier journal indien vit le jour : baptisé *Tsa la gi Tsu lehisanunhi* (*Phoenix Cherokee*), il était bilingue cherokee-anglais.

Le cherokee est la seule langue indienne à avoir son propre alphabet.

Lorsque les Cherokees comprirent que la méthode d'écriture de Sequoyah fonctionnait bien, ils voulurent l'apprendre. En quelques mois, une grande partie de la nation cherokee pouvait lire et écrire.

LA BIBLE EN CHEROKEE

Le premier livre à être traduit fut la Bible, mais l'invention de Sequoyah aida à la préservation de l'histoire, de la culture et des rites religieux cherokees.

UN ARBRE GÉANT

De la même famille que les cyprès, le séquoia fut ainsi baptisé en l'honneur de Sequoyah, l'inventeur du syllabaire cherokee. Cet arbre géant peut atteindre 140 m de haut et vivre plus de 2 000 ans.

Les grands mythes

Les grands mythes sur l'origine des humains et leur apprentissage de la vie sur Terre se transmirent oralement d'une génération à une autre. Ils représentent les fondements des croyances et des traditions qui formaient la base solide des cultures indiennes.

Le monde des mythes

Les masques représentent souvent des animaux sacrés.

Les histoires mythiques apprirent aux Indiens les règles essentielles de leurs comportements : de quelle façon chasser mais aussi comment prier.

Ces 2 visages sculptés sur un totem sont des esclaves du dieu Corbeau.

Au fondement des croyances

Les mythes, les légendes, les contes racontaient l'origine sacrée d'un rituel ou d'une cérémonie. Ils expliquaient l'acquisition des objets religieux, faisaient vivre des héros. Ces mythes transformés par les visions de ceux qui les racontaient et par des bouleversements historiques (l'arrivée des Blancs, les grandes migrations à travers le continent) s'enrichissaient avec le temps de nouvelles interprétations, tout en conservant les traditions. Ils étaient destinés aux adultes autant qu'aux enfants.

L'importance des mythes

Les Indiens transmettaient d'une génération à une autre leurs valeurs morales, leurs croyances, leurs espoirs. Chaque tribu développa sa propre culture et les mythes la portèrent à travers les siècles, devenant inséparables de grandes cérémonies organisées régulièrement. Ces histoires sont d'autant plus importantes que la tradition dit qu'elles furent enseignées aux humains par des forces divines. Et les humains eurent la responsabilité de ne jamais les oublier. Les mythes devinrent des outils pour consolider les liens entre les membres d'une même tribu et ceux qui les reliaient à leur passé.

Cet Indien, photographié par E. S. Curtis, porte un masque qui symbolise Haschézhini (un puissant Esprit navajo).

À CHACUN SES MYTHES

Les mythes variaient d'un peuple à un autre en fonction de la géographie, du climat, du mode de vie. Pour les agriculteurs du Sud-Ouest, la venue du maïs et le cycle des saisons jouaient un rôle important dans leurs mythes. Pour les chasseurs nomades des Plaines, le bison était un personnage capital. Chez les pêcheurs du Nord-Ouest, de nombreux monstres marins et d'habiles harponneurs animaient les histoires.

Comment se racontaient les mythes ?

Dans certaines tribus, les récits étaient précédés par des rites spéciaux. Ainsi les Maidus, en Californie, demandaient aux auditeurs de se coucher sur le dos, pour rester tranquilles et bien écouter celui désigné pour parler. Chez les Cheyennes et autres tribus des Plaines, le narrateur devait aplanir le sol où il se tenait et passer ses mains sur son corps comme pour le brosser. Dans d'autres tribus, il fallait offrir des présents au conteur avant qu'il ne commence son histoire.

Les différentes catégories de mythes

Les mythes devaient répondre à des questions essentielles : comment fut créé le monde ? D'où viennent les hommes ? Les histoires sur la création du monde expliquaient l'origine d'une tribu et variaient selon la géographie ou le climat. Celles sur la naissance des hommes racontaient leur installation sur Terre et montraient leur parenté avec la nature. La plupart des tribus indiennes se nommaient « le Peuple » ; elles avaient la sensation d'appartenir à un tout.

LES HÉROS MYTHIQUES

Les forces du mal et du bien s'affrontaient dans les mondes de la création. Représentées par des monstres, les forces du mal empêchaient les humains de vivre en paix. Pour les combattre, il y eut des héros mythiques, souvent d'essence divine, tels les Frères Jumeaux chez les Apaches et les Navajos, mais aussi des hommes vivants, tel Hiawatha (vers 1580), chef et chamane qui unifia la grande nation iroquoise.

LES JOUEURS DE TOURS

Les joueurs de tours, souvent des Esprits animaux (Coyote, dans toutes les tribus ; Iktomi, l'araignée chez les Lakotas ; Mahtigwess, le lapin des Micmacs) pouvaient aussi être des héros, car ils apprenaient aux humains des règles de savoir-vivre, mais d'une façon rebelle et rusée, en narguant l'autorité et les tabous. Ils pouvaient tour à tour être des créateurs ou des pitres.

FORMULES MAGIQUES

Les Sénécas, au Nord-Ouest, commençaient leurs récits par : « Quand le monde était nouveau… » Les Lakotas terminaient toujours leurs prières comme un hommage à cette unité en disant : « Mitakuye Oya'sin » (tous nos parents).

Les Indiens étaient de grands conteurs d'histoires.

Femme Bison Blanc

Femme Bison Blanc dit aux Lakotas que la fumée de la pipe symbolisait le souffle du Dieu Mystère et leur apprit les mots qu'ils devraient prononcer pour prier.

C'était une figure féminine qui tenait le premier rôle dans le mythe le plus important des Lakotas. Personnage à la fois humain et animal, Femme Bison Blanc leur enseigna les rites de leur religion. Elle leur offrit l'objet le plus précieux : la pipe sacrée.

Une femme mystère

Il y a très longtemps, tous les Lakotas étaient réunis car, cet été-là, une grande famine affaiblissait leur peuple. Deux jeunes chasseurs partirent comme chaque jour à la chasse. Après avoir longuement marché, ils grimpèrent sur une colline pour inspecter l'horizon. Tout à coup, ils virent apparaître une forme humaine qui flottait dans l'air en se dirigeant vers eux. C'était une femme merveilleuse, vêtue d'une robe à longues franges taillée dans une peau de bison blanc. Ils devinèrent qu'elle était wakan (sacrée). Elle leur dit qu'elle s'appelait « Ptesan-Wi » (Femme Bison Blanc).

Respecter le sacré

Un des chasseurs osa porter la main sur elle. Il fut aussitôt mortellement frappé par la foudre. À l'autre qui l'avait respectée, Femme Bison Blanc recommanda de prévenir les siens de sa venue proche. Dans le camp, un tipi cérémoniel fut érigé pour accueillir l'étrangère qui arriva quatre jours plus tard. Elle y fit dresser un autel de terre surmonté d'un crâne de bison. Elle demanda un trépied pour poser un objet sacré : c'était une pipe ; elle tenait le tuyau dans sa main droite et le fourneau dans sa main gauche. « C'est ainsi que vous devrez toujours tenir cette pipe sacrée », dit-elle.

Pas de jaloux !

Femme Bison Blanc expliqua aux Lakotas que la pipe serait le seul objet sacré à être fabriqué par les hommes et les femmes ensemble.

Pour prier avec la pipe

Il fallait d'abord lever la pipe vers le ciel pour honorer Grand-Père le Ciel, puis la baisser vers le sol pour Grand-Mère la Terre. Ensuite, il fallait la tendre en direction des 4 points cardinaux, les 4 directions de l'Univers. La pipe représentait le lien qui unit tous les êtres vivants : humains, plantes, animaux.

La fumée purificatrice

Lorsque 2 ennemis acceptaient de fumer ensemble, ils voulaient dire que leurs cœurs étaient purs et que leurs accords dureraient toujours.

La pipe sacrée

Femme Bison Blanc enseigna aux Lakotas comment se servir de la pipe : elle remplit le fourneau de tabac et fit avec quatre fois le tour du tipi dans le sens de la course du soleil, cercle sacré du chemin de la vie. Puis, elle déposa de la bouse sèche de bison dans le feu et, avec, alluma la pipe. Ce feu représentait la flamme éternelle que les Lakotas devraient se transmettre de génération en génération.

Sur cette photo prise en 1900, par Edward S. Curtis, l'Indien Crow Eagle symbolise bien le fumeur de pipe.

Des femmes valeureuses

La femme divine dit aux femmes lakotas que c'était le travail de leurs mains et de leurs entrailles qui permettaient aux humains de vivre ; les femmes venaient toutes de la Terre Mère et leur tâche était aussi valeureuse que celle des hommes guerriers. Enfin, Femme Bison Blanc leur offrit du maïs, de la viande, des navets sauvages et leur montra comment faire cuire les aliments en plongeant des pierres brûlantes dans des récipients d'eau froide.

Comment le bison est devenu sacré

Quand elle eut enseigné les sept principales cérémonies religieuses, dont la Danse du Soleil, Femme Bison Blanc s'en alla dans le soleil couchant. Les Lakotas la virent s'arrêter et rouler quatre fois sur elle-même. La première fois, elle se transforma en bison noir, la deuxième en bison brun, la troisième en bison rouge et, pour finir, elle devint un jeune bison femelle tout blanc et disparut sous cette apparence. Depuis ce jour, le bison blanc est l'animal le plus sacré des Lakotas.

Les pipes des Indiens des Plaines étaient parfois très longues.

LES SYMBOLES DE LA PIPE SACRÉE

Le tuyau représentait la terre et tout ce qui pousse. Le fourneau sculpté en forme de bison représentait cet animal mais aussi tous les Lakotas. Les 12 plumes attachées entre le fourneau et le tuyau provenaient d'un aigle tacheté, l'oiseau messager du Grand Esprit.

Au début, les Navajos

La beauté chez les Navajos

L'idée de beauté (hózhó) est très importante chez les Navajos. Elle opposait les mondes souterrains d'avant l'émergence, où tout était chaos et disputes, à la création harmonieuse du monde navajo sur terre. Elle est encore aujourd'hui célébrée dans des cérémonies.

Le maïs sacré

Femme Changeante apporta le maïs aux Navajos qui le cultivèrent. Elle fabriqua les premiers Navajos en les façonnant avec des particules de sa peau roulées entre ses doigts et mélangées à du pollen de maïs.

Les Navajos se nomment eux-mêmes « Diné » (le Peuple). Originaires du Nord, ils s'installèrent progressivement dans la région du Sud-Ouest autour du XIe siècle. Leurs mythes expliquent qu'ils traversèrent plusieurs mondes avant d'arriver dans le Sud-Ouest.

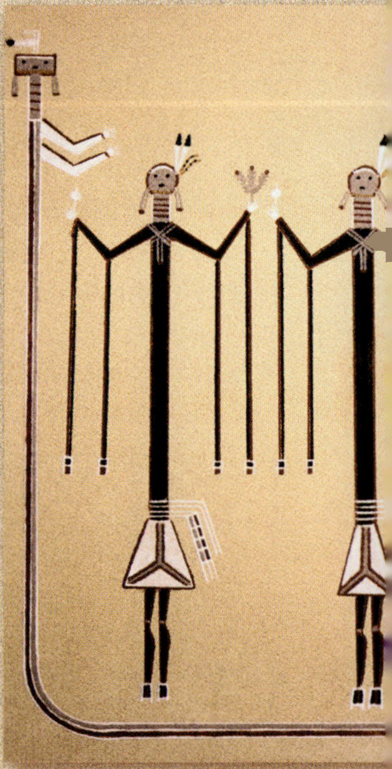

Ces peintures de sable navajos illustrent le thème de l'abondance (ci-dessus) et un Dieu Yei (ci-contre).

Avant les premiers humains

Dans plusieurs mondes souterrains (quatre ou plus selon différentes versions contées), posés les uns sur les autres, habitaient des êtres, plus proches des fourmis que des humains. Mais deux ressemblaient à des humains : Premier Homme et Première Femme. Les dieux qui vivaient tout autour demandaient aux peuples souterrains de vivre en harmonie. Hélas, les êtres se querellaient et les dieux se fâchaient, noyant régulièrement ces mondes sous des flots. À chaque fois, pourtant, Premier Homme et Première Femme parvenaient à atteindre un monde supérieur.

L'émergence et la première maison

En arrivant au dernier monde, ils creusèrent un trou et se retrouvèrent enfin à la surface où brillait le soleil. Ce fut le moment de l'émergence. Mais ce monde était couvert d'eau et les oiseaux aquatiques en étaient les maîtres. Les humains demandèrent l'aide des vents qui vinrent et soufflèrent jusqu'à assécher la terre et la rendre vivable. Aidés par des dieux, ils bâtirent une maison ronde, avec une charpente en piliers faits d'obsidienne (pierre volcanique noire), de turquoise et de coquilles d'ormeaux. Le toit était fait de rayons de soleil et d'arcs-en-ciel. Cette maison fut nommée « hogan ».

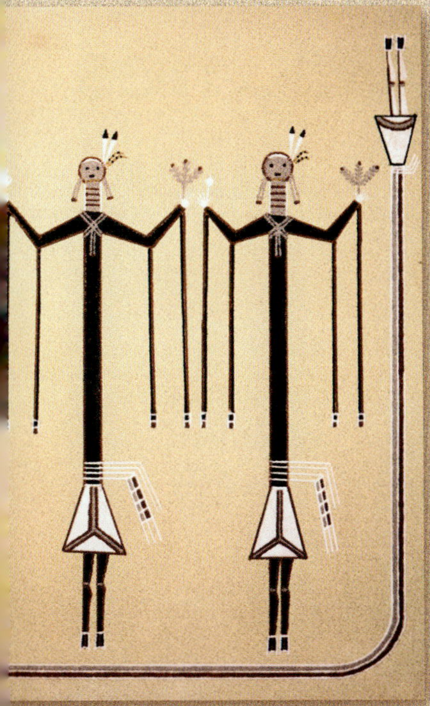

La construction de Dinétah

Il fallut alors que Premier Homme et Première Femme construisent le monde navajo, « Dinétah ». Dans cette maison sacrée, Premier Homme ouvrit cérémonieusement un sac sacré rempli d'objets qu'il avait depuis toujours et les plaça sur le sol en formant des dessins. Les dieux l'aidaient. Ces dessins devinrent des plantes, des animaux, et aussi les saisons, les étoiles et tous les paysages de la terre. La cérémonie dura toute la nuit. Au matin, le monde navajo existait. Puis, dans cet univers harmonieux naquit Femme Changeante, fille de deux créatures créées par le couple premier.

DIFFÉRENTES VERSIONS

Les mythes étant transmis oralement différaient selon l'inspiration de ceux qui les racontaient. Mais tous avaient les mêmes personnages fondateurs. Seuls changeaient certains épisodes, qui rendirent difficile l'interprétation de ces légendes souvent compliquées.

Femme Changeante

Femme Changeante personnifie le cycle de la vie qui grandit puis s'éteint, pour renaître sans fin. Elle reçut les pouvoirs de la création et multiplia les hommes et les femmes pour former le peuple navajo. Elle mit au monde des jumeaux héros : Tueur de Monstres et Né pour l'Eau. Ils firent un périlleux voyage pour rencontrer leur père, le Soleil, qui ignorait leur existence. Refusant de reconnaître ses enfants, il les mit à l'épreuve et, comme ils en sortirent vainqueurs, le Soleil accepta de leur donner tout ce dont ils avaient besoin.

Une bande en couleur, l'Esprit de l'arc-en-ciel, encadre toujours les peintures en bas, en signe de protection.

Les jumeaux sacrés reçurent de leur père, le Soleil, armes, chevaux et d'autres choses bonnes pour le peuple navajo.

Les Modocs, nés d'un panier

Les Modocs expliquaient l'apparition des Indiens sur Terre à travers l'histoire d'un panier fabuleux et de leur ancêtre sacré, Kumush. Les Modocs étaient d'excellents vanniers.

Par 3 fois, Kumush, l'ancêtre des Modocs dut remplir son panier avant de réussir à atteindre la Terre.

Le monde des Esprits

Les Esprits habitaient dans un monde souterrain que l'on atteignait par un chemin très pentu. Aussi nombreux que les étoiles du ciel, ils y vivaient entre eux, bien avant l'apparition des humains. Quand arrivait la nuit, ils se réunissaient tous sur une grande plaine où ils chantaient et dansaient, heureux. Le jour, ils retournaient dans leurs maisons, s'allongeaient sur le sol et se transformaient en os, attendant la nuit pour reprendre forme.

Kumush, l'ancêtre des Modocs

Au-dessus du monde des Esprits, se trouvait Kumush, un vieil homme sage et sa fille. Eux seuls vivaient sur la Terre. Ils décidèrent d'aller rendre visite aux Esprits. Après avoir passé six jours et six nuits avec eux, dans le monde souterrain, Kumush décida de remonter à la surface avec des os des esprits. Il les ramassa dans son panier avec l'intention de peupler son monde du dessus. Il voulait choisir différents os, afin de les transformer en plusieurs tribus.

Les tentatives de Kumush

Deux fois de suite, Kumush, aidé de sa fille, remplit son panier, le fixa sur son dos avec des lanières et remonta péniblement la côte. Deux fois de suite, il glissa, son panier tomba et les os, se répandant sur le sol, reprirent aussitôt leur forme d'Esprits et s'échappèrent à toute allure dans leur monde. La troisième fois, Kumush fâché leur parla : « Vous ne pensez qu'à rester chez vous à ne rien faire. Dans mon monde, vous serez si heureux que jamais vous ne voudrez retourner chez vous ! » Cette fois, Kumush ne trébucha pas et atteignit la terre.

Les Modocs

Ces Indiens formaient une toute petite tribu (autour de 500 avant 1800) sur un territoire situé à cheval entre le nord de la Californie et le sud de l'Oregon. Ils chassaient le gibier avec des flèches dont les pointes étaient taillées dans de l'obsidienne, roche noire volcanique très coupante. Aujourd'hui, ils vivent dans la réserve Klamath, au sud-ouest de l'Oregon.

Les os deviennent des Indiens

Sur Terre, Kumush vida son panier et commença à trier les os, en fonction de la tribu qu'il voulait créer. En les jetant dans différentes directions, il les baptisait : « Tribu paiute, vous serez de valeureux guerriers ! » ou « Tribu klamath, vous ne saurez pas bien vous battre. Vous serez craintifs ! » Enfin, après avoir peuplé la plupart du territoire, il décida de créer les Modocs : « Vous serez les plus braves de tous. Vous ne serez pas nombreux et beaucoup essaieront de vous battre, mais vous serez toujours vainqueurs. Vous serez les gardiens de ma demeure, quand je partirai. »

Edward S. Curtis a photographié, en 1923, une Indienne Modoc représentative de son peuple.

Les conseils de Kumush

Kumush s'adressa à tous les peuples qu'il venait de créer. Il encouragea certains à partir dans la montagne pour qu'ils deviennent courageux et sages. Ceux-là pourraient prier et obtenir des pouvoirs pour aider leur peuple. Il distribua des tâches différentes aux hommes et aux femmes. Pour finir, Kumush nomma les animaux et les plantes qui apparurent au fur et à mesure sur Terre, dans les montagnes, les rivières, les lacs et les plaines.

On trouve de très belles collections de paniers modocs dans certains musées californiens.

Répartition des tâches

Chez les Modocs, les hommes devaient protéger et nourrir leur famille, tandis que les femmes s'occupaient de chercher le bois, de tanner les peaux, de cueillir et de ramasser les plantes.

Le chef modoc, Captain Jack, en tenue de prisonnier.

Captain Jack, héros Modoc

Les Modocs, malgré leur petit nombre, résistèrent farouchement aux soldats américains entre 1872 et 1873. Leur chef, Kintpuash, connu sous le nom de Captain Jack, fut arrêté et pendu en 1873. Cette bataille devint célèbre pour le courage de ces hommes, affrontant sans peur l'armée américaine et prêts à mourir pour leur liberté.

Vieil Homme Coyote

Pour les Crows, le monde fut créé par un être mystérieux mi-homme, mi-coyote. Ce personnage avait beaucoup de pouvoirs et de sagesse. Les Crows qui respectaient les personnes âgées l'appelèrent Vieil Homme Coyote.

Coyote est présent dans toutes les tribus indiennes.

UN PERSONNAGE DE LÉGENDE

Les Chinooks, au Nord-Ouest, l'appellent « Italapas » et les Kootenais, sur le Plateau, « Skinkuts ». Chez les Paiutes, dans le Grand Bassin, Coyote épouse Korawinisi, mère de tous les humains. Pour les Pimas, au Sud-Ouest, il est fils de la Lune. Il a souvent pour compagnon Loup ou Renard.

La Terre prend forme

Le monde n'était alors qu'une immense étendue d'eau ; Vieil Homme Coyote y vivait seul sur un radeau. Un jour, il croisa deux canards et leur demanda ce qu'il y avait sous l'eau. Un des canards plongea et en remonta une motte de terre. Il plongea à nouveau et ramena une racine. Heureux de ces trouvailles, Vieil Homme Coyote créa la Terre en soufflant sur la motte. Comme elle était plate, il modela des montagnes et creusa des rivières pour la rendre plus belle. Avec la racine, il fit pousser des arbres, des fleurs et toutes sortes de plantes.

La création des canards et des hommes

Vieil Homme Coyote trouvait cela très beau, mais un peu monotone. « Nous avons besoin de compagnie », constata-t-il. Avec un peu de terre, il modela d'autres canards et des hommes à qui il donna vie. Mais tous étaient des mâles et finirent par s'ennuyer entre eux. Vieil Homme Coyote eut alors l'idée de créer des canes et des femmes. Des couples se formèrent aussitôt et, heureux, ils se multiplièrent. La Terre semblait parfaite.

Les conseils de Cirape

Alors qu'il se promenait, Vieil Homme Coyote rencontra un coyote. Surpris, il lui demanda d'où il venait. « Je ne sais pas, je suis et Cirape est mon nom ». Vieil Homme Coyote lui dit fièrement : « Tout ce que tu vois là, c'est mon œuvre ! » Cirape le félicita, mais lui suggéra de créer d'autres animaux pour égayer la Terre. Vieil Homme Coyote prononça alors des noms qui devinrent des animaux : le bison, le cerf, l'aigle, le grizzli, l'élan et tous les autres. Il veilla à faire des femelles pour chaque espèce.

Les boucliers en peau de bison pouvaient stopper une flèche ou une lance et même une balle de fusil ; mais avec l'apparition d'armes plus puissantes, leur protection devint plutôt symbolique.

Pour aider les humains

Parmi toutes ses créations, les humains semblaient les plus fragiles. Ils n'avaient pas de poils pour se protéger, pas de griffes pour se défendre. Ils souffraient de la pluie, du soleil, comme de la neige. Vieil Homme Coyote leur offrit du feu pour se chauffer, des tipis pour s'abriter et des outils. Tout semblait vraiment harmonieux. Mais Cirape insista encore : il leur manquait des armes pour chasser et se nourrir. Et Vieil Homme Coyote créa des lances, des arcs et des flèches.

Le vieux Lone Tree, au profil fier et hautain, pris en photo en 1908, par Edward S. Curtis, était un Indien Crow.

POURQUOI LES ANIMAUX N'EURENT PAS D'ARMES

Cirape, le coyote, recommanda à Vieil Homme Coyote de ne donner des armes qu'aux humains. « Mais pourquoi les animaux n'auraient-ils pas d'armes eux aussi ? » demanda celui-ci. « Les animaux sont mieux équipés : ils sont plus puissants et rapides, ils ont des cornes puissantes, de grandes dents et des griffes ! Comment pourraient survivre les humains si les animaux avaient des armes ? » Vieil Homme Coyote reconnut la sagesse des paroles de Cirape. Ce fut pourquoi seuls les humains eurent des armes.

Le sacré dans l'Univers

Les croyances religieuses indiennes avaient quatre points communs : leur conception du monde, leur sentiment d'harmonie cosmique, leur vision du cycle de la vie et de la mort et leur quête d'un contact direct avec les pouvoirs surnaturels. Il n'existait pas de vraie séparation entre ce qui était sacré et ce qui ne l'était pas.

Masque des Indiens du Nord-Ouest datant de 1875 et symbolisant le Soleil.

Le Grand Mystère

Chaque tribu possède une histoire qui explique les forces de l'Univers. Le mot religion ne se traduit pas en langue indienne. Tout est si complexe, construit sur le mystère, qu'un seul mot ne peut définir leur univers spirituel.

L'Univers selon les Indiens

L'Univers des Indiens est généralement composé de trois éléments indivisibles et indissociables : le Ciel, la Terre et le monde souterrain. Dans certaines tribus, les puissances qui contrôlent l'Univers prennent la forme de divinités bien définies. Dans d'autres, elles n'ont pas de formes précises et sont des énergies secrètes. Ces pouvoirs comprennent souvent un dieu céleste et des Esprits qui contrôlent les pouvoirs de l'atmosphère, et d'autres qui influent sur la vie des hommes. Cet ensemble forme un tout uni que les Indiens des Plaines appellent le Grand Mystère.

Le Soleil honoré

Le Soleil est souvent personnifié sous différents aspects (homme ou animal) et considéré comme le créateur du monde. Associé à la lumière et au feu, il représente la puissance suprême. La plus importante cérémonie des Indiens des Plaines est baptisée en son honneur « Danse du Soleil ».

Masque inuit représentant la Lune.

Le monde caché

Les Indiens vivent dans un monde où le spirituel et les choses ordinaires se mélangent : une peinture ou une sculpture ne sont pas seulement des œuvres d'art mais surtout des étapes dans une cérémonie ; les danses, loin d'être de simples amusements, cachent un sens religieux très profond. Les légendes que les anciens racontent aux enfants sont très sérieuses, malgré leurs passages comiques, car elles enseignent aux plus jeunes ce qu'il faut respecter dans leur univers. Elles expliquent l'ordre du monde.

Tous à la même place

Dans le monde biblique, Dieu a créé les humains à son image et leur a donné le pouvoir sur toutes les autres créatures. Les différentes religions indiennes enseignent au contraire que l'homme n'est pas plus important que toute chose vivante ou inanimée. Pour les Indiens, le créateur a voulu que les hommes et les femmes, les végétaux, les animaux, les minéraux soient égaux : ils habitent et se partagent le même univers comme des membres d'une même famille. Les Indiens ne croient pas qu'il existe un monde spirituel parfait opposé à un monde matériel fait d'imperfections ; pour eux, ce qui est spirituel aide à mieux connaître ce qui est naturel.

La Lune aux mille visages

La Lune est l'astre divin le plus mystérieux : elle change de visage, de forme et parfois disparaît. Elle est souvent associée au Soleil dans les mythes de création. Parfois, elle est sa sœur (pour les Crees) ou son épouse (pour les Zunis). En Alaska, Maître Lune est le chef des animaux. Chez les Pawnees, Femme Lune donne les bisons et le maïs aux humains.

Les invisibles

Pour les Lakotas, un être mystérieux domine les forces de l'Univers. Il est à lui seul tous les Esprits, il a tous les pouvoirs : c'est Wakan Tanka, le Grand Mystère. Les Iroquois le nomment Orenda, mais il a une contrepartie négative : Otgon. Pour les Inuits, c'est Sila, si puissant et complexe qu'aucun mot humain ne peut le définir. Personne ne peut voir ces êtres suprêmes.

Terre sacrée

Cette roue-médecine se trouve à Sedona en Arizona.

L'association Terre-Mère est commune à tous les Indiens. Sur cette Terre existent des lieux sacrés où résident les Esprits (les pouvoirs surnaturels). Ces lieux sont accessibles aux humains.

La Terre Mère, lieu sacré

Les Indiens perçoivent la Terre comme une Mère qui accueille toute vie. Les rochers, les arbres, les montagnes, les rivières ou les plaines composent à la fois les paysages où ils vivent et l'univers où sont les Esprits : ceux-ci ont choisi comme demeures les endroits les plus majestueux. Les Indiens accordent à ces lieux naturels créés par des forces divines autant d'importance qu'à un temple bâti par des hommes : ils y puisent leur force spirituelle et là, ils demandent conseil et aide aux Esprits.

La roue médecine

La plus célèbre se trouve dans les montagnes Bighorn, entre le Montana et le Wyoming. Construit avec des pierres, c'est un immense cercle de 30 m de diamètre avec 28 rayons. Les Indiens viennent toujours y prier et faire des offrandes. Vieille de plusieurs siècles, son origine est un mystère ; certains pensent que c'était un observatoire astronomique.

Le Grand Canyon des Zunis

Au fond du Grand Canyon de l'Arizona se trouve une belle chute d'eau appelée « Ribbon Falls ». Les Zunis considèrent que c'est de là qu'émergea leur peuple dans les temps anciens. Dès qu'ils sortirent sur Terre, les Zunis aperçurent un rayon de soleil sur les falaises du Grand Canyon, des plantes poussant autour de la chute d'eau, puis des oiseaux, des animaux et des roches particulières. Désormais, toutes ces premières choses furent honorées dans les cérémonies. C'est pourquoi ce lieu est toujours important pour ce peuple qui régulièrement y organise des pèlerinages.

Les pierres qui roulent

Pour les Ojibways de la région des Grands Lacs, certaines pierres sont vivantes et sacrées. Elles peuvent se mettre à rouler toutes seules. Un homme ou une femme-médecine a le pouvoir de leur parler et de communiquer avec elles.

Ribbon Falls dans le Grand Canyon.

Les cairns pour les pèlerins

Les chemins de pèlerinage qui mènent aux lieux naturels sacrés représentent aussi des sites sacrés. Le long de ces chemins, des monticules de pierres, appelés « cairns », ont été érigés. Ce sont des emplacements pour méditer et prier. Tout au long du fleuve Columbia, dans l'État de Washington, de hauts cairns en basalte représentent des lignées familiales. Pour les Yakamas, ces monticules contiennent l'énergie de ceux qui les ont bâtis et doivent être approchés avec respect.

Les lieux de paix

Dans certains lieux, telle une prairie où se récoltaient les plantes sacrées, les guerriers déposaient les armes. Dans les Grandes Plaines, des gisements procuraient la terre rouge, jaune et noire utilisée comme peinture dans certaines cérémonies ; ils étaient considérés comme sacrés et terrain neutre. Les tribus ennemies pouvaient s'y retrouver sans craindre d'attaques. Le plus célèbre est le Pipestone National Monument au Minnesota où, pendant des siècles, les Indiens vinrent chercher de la catlinite, pierre rouge et tendre, dans laquelle ils sculptaient les fourneaux des précieux calumets.

OFFRANDES À LA TERRE MÈRE

Avant le début des rituels de la Danse du Soleil, leur plus importante cérémonie, les Shoshones offraient toujours un peu d'eau qu'ils versaient sur le sol, en hommage à Tam Sogobia, la Terre Mère.

LES 4 MONTAGNES NAVAJOS

Le monde mythique des Navajos est délimité par 4 montagnes sacrées, à la croisée des États de l'Utah, du Colorado, de l'Arizona et du Nouveau-Mexique ; à chacune est associée une couleur et une direction. Entre ces montagnes vivent les Esprits.

À L'EST
LE MONT BLANCA

Le blanc associé au maïs et à la nacre symbolise la discipline.

À L'OUEST
LES SAN FRANCISCO PEAK

Le jaune associé à l'ormeau est symbole de bonne santé.

AU SUD
LE MONT TAYLOR

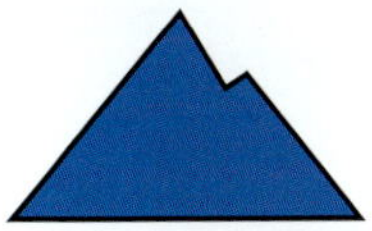

Le bleu associé à la turquoise est le symbole du savoir et de la prospérité.

AU NORD
LE PIC DE LA PLATA

Le noir associé à la pierre jais représente une protection contre les influences de l'extérieur.

Le pouvoir des Esprits

Le respect des rites funéraires

Les Indiens croyaient que toute chose possédait une âme, acquise dès la naissance et sans laquelle elle mourrait. Le sort de cette âme, après la mort physique, ne dépendait pas des actions ni de la façon dont avait vécu une personne, mais plutôt du respect des rites funéraires accomplis dans les règles, et qui devaient lui permettre de rejoindre l'autre monde.

Il y a une présence surnaturelle, quelque chose qui inspire le respect, aux côtés des humains et de tout élément naturel, des animaux aux rochers. Tout ce qui se voit, se touche, se sent, qu'il soit vivant ou inanimé possède un Esprit.

Les Esprits et les humains

Ils apparaissaient aux humains à travers des rêves ou des visons, mais seuls quelques individus, tels les chamans ou hommes-médecine pouvaient communiquer avec eux régulièrement. L'Esprit se révélait bien après la naissance, autour de la puberté, et pouvait s'en aller à tout moment sans causer de décès. S'ils se conduisaient mal et les offensaient, les humains pouvaient perdre les pouvoirs que leur donnaient leurs Esprits qui pouvaient être bénéfiques ou maléfiques. Pour vivre en harmonie, il fallait leur montrer du respect.

Poupée kachina dont les yeux représentent des nuages et les cils des gouttes de pluie.

Des pouvoirs donnés aux humains

Les Esprits n'accordaient pas à tous les mêmes pouvoirs. Certains humains en recevaient de précis les rendant capables de devenir de grands guerriers ou de grands chasseurs. Les chamans possédaient le pouvoir de divination ou de guérir, mais tout au long de leur vie, ils apprenaient à les perfectionner. Ils n'enseignaient leurs savoirs qu'aux personnes ayant reçu des pouvoirs comparables aux leurs. Ceux reçus des Esprits n'étaient favorables que si la personne respectait les tabous qui y étaient associés.

Tambour de chaman.

Rêves d'enfants

Parfois, les rêves des enfants étaient interprétés par un chaman pour savoir si un Esprit leur était apparu. Il était si important de communiquer avec les Esprits que, dès leur plus jeune âge, les Indiens veillaient à ne pas manquer cette rencontre.

La Danse des Fantômes

Après que les Indiens eurent été vaincus par les Blancs, vers 1889, Wowoka, un chaman paiute, eut la vision d'une danse qui leur permettrait de retrouver leur liberté et de chasser les Blancs. Cette danse appelée « Danse des Fantômes » était pacifique et fit de nombreux adeptes. Hommes et femmes dansaient ensemble en tournant au son de chants.

Dans toute cérémonie religieuse, mais aussi dans des actes de la vie quotidienne, telle la chasse, les Esprits étaient invoqués et honorés.

Un visionnaire

Wowoka prêchait que pour être sauvés les Indiens devaient fuir les mauvaises influences des Blancs dont le fait de boire de l'alcool. Il disait aussi que les enfants devaient aller à l'école pour être éduqués. En fait, sa pensée n'était pas totalement opposée à celle du christianisme.

Quand les Blancs prennent peur

Les Blancs y virent la menace d'une insurrection. Wowoka fut arrêté et la danse interdite. La sévère répression contre ceux qui la pratiquaient en cachette conduisit au massacre de Wounded Knee, par l'armée, le 28 décembre 1890 : 200 Lakotas, dont des enfants, furent assassinés. Certains d'entre eux portaient la tunique sacrée décorée des motifs particuliers à cette danse : des étoiles et des oiseaux.

Fumer pour atteindre les dieux

Les Indiens fumaient pour se purifier et apaiser les Esprits lors des occasions graves. Les vertus du tabac étaient essentiellement spirituelles : la fumée qui s'envolait vers le ciel portait les prières des humains vers les dieux. La cérémonie du calumet, où chacun se passait la pipe, signifiait que les fumeurs ne mentiraient pas en parlant.

Le calumet est un mot d'origine française (chalumet). Il désignait des roseaux utilisés pour faire les tuyaux de pipes.

Cet homme-médecine a été peint par George Catlin en 1848.

Les hommes du sacré

Appelés hommes ou femmes-médecine, ils étaient très respectés, car ils étaient capables de communiquer avec les Esprits. Mais, parmi eux, il y avait plusieurs catégories d'individus avec des pouvoirs différents.

L'homme-médecine

Appelé aussi chaman, il possédait des pouvoirs que les autres humains n'avaient pas. Toutes les tribus avaient, parmi leurs membres, des hommes ou femmes-médecine. Certains utilisaient le pouvoir des plantes, d'autres celui des mots mystérieux. Ils dirigeaient les cérémonies, donnaient leur avis quand il fallait prendre des décisions importantes, interprétaient les rêves, guérissaient, agissaient en tant qu'intermédiaires entre les Esprits et les humains.

Quête de visions

Il fallait se mettre en condition pour croiser les Esprits protecteurs à travers une quête de vision. La personne s'isolait dans un lieu sacré, une colline ou une grotte, pendant plusieurs jours, en jeûnant et en priant. Si ses prières étaient entendues, l'Esprit pouvait apparaître sous la forme d'un animal et communiquer de façon mystérieuse que seul un chaman savait traduire. Ainsi, la personne apprenait quel pouvoir l'Esprit lui accordait.

Un long apprentissage

Un individu devenait homme-médecine soit par hérédité, soit par la volonté des Esprits. Des signes lui apparaissaient assez tôt dans sa vie, sous la forme de rêves ou d'expériences extraordinaires. Il lui fallait ensuite apprendre à se servir de ce pouvoir qui le rendait différent. Il pouvait suivre l'enseignement d'un chaman plus âgé que lui et rentrer dans une confrérie de chamans. Être homme-médecine était un honneur mais aussi une lourde charge.

Ce bouclier crow montre la vision d'une ourse transmettant sa force à un guerrier.

Les clowns sacrés

Dans les tribus du Sud-Ouest (Pueblos, Apaches, Navajos) existaient des personnages comiques aux costumes excentriques, appelés « clowns ». Lors des cérémonies, ils se moquaient des gens, faisaient des gestes obscènes, gesticulaient dans tous les sens. Mais leur rôle était sérieux : ils montraient que toute création (même celle du monde) se fait à partir de choix, dont certains sont dangereux. Ils dérangeaient l'ordre établi pour mieux le consolider.

LE MOT MYSTÈRE

Le mot « médecine » vient du mot algonquin « midewiwin ». Il désigne la guérison des maux, autant que le pouvoir magique. Ce mot englobe aussi le sacré, avec une notion de mystère. Certains objets étaient qualifiés de « médecine » comme les ballots-médecine, ces sacs de diverses tailles et formes qui contenaient des objets sacrés.

Les clowns sacrés possédaient de grands pouvoirs, dont celui de guérir.

Les dessins des chamans

Les chamans navajos dessinaient sur le sol d'un hogan (petit abri rond en bois), des peintures en sable de couleurs différentes. Ce rituel s'accompagnait toujours de chants sacrés. Les dessins devaient apaiser les Esprits et restituer un équilibre qui avait été rompu, causant la maladie. Le dessin était effacé à la fin de la cérémonie et le sable jeté hors du hogan.

LES CONTRAIRES

Les berdaches étaient des hommes qui préféraient vivre comme des femmes (faire la cuisine, de l'artisanat) ou des femmes vivant comme des hommes (faire la guerre, chasser). On leur attribuait des pouvoirs magiques. Chez les Lakotas, il y avait aussi des heyokas, personnes qui faisaient tout à l'envers, comme porter en hiver des vêtements d'été, reculer quand on leur disait d'approcher. Ils étaient très respectés car ils interprétaient les rêves et guérissaient certains malades.

Le chaman prend la poudre colorée dans la paume de sa main et la fait tomber délicatement entre le pouce et l'index.

Cérémonies sacrées

Danse de l'Aigle chez les Pueblos.

Les cérémonies indiennes sont appelées « danses » car elles comportent des danses spectaculaires ; mais elles sont faites aussi de festins et de veillées qui durent plusieurs jours. Elles ont lieu parfois en l'honneur d'animaux vénérés par la tribu.

ATTENTION, DANGER

Quand tous les reptiles (parfois 60, dont les dangereux serpents à sonnette) sont sortis du panier et que les participants ont dansé avec eux, ils sont déposés sur le sol où des gardiens avec des petits bâtons les empêchent de s'échapper dans la foule.

La Danse du Serpent chez les Hopis

Cette cérémonie est menée en l'honneur de l'eau et de la pluie. De nombreux serpents de cette région aride vivent près de sources et creusent la terre pour se protéger de la chaleur. Les Hopis leur confient donc des prières pour que vienne la pluie. Ils espèrent que les serpents les transmettront aux divinités et aux ancêtres qui vivent sous terre. Cette cérémonie dure seize jours, mais c'est au cours du dernier que des serpents sont placés dans un panier au centre du cercle de danse. À la fin de la cérémonie, renfermés dans le panier, ils sont ramenés sur leur lieu de capture pour qu'ils emportent vite les prières au plus profond de la terre.

Les danseurs hopis prennent les serpents à pleines mains et parfois dans la bouche.

La Danse du Bison chez les Mandans

Plusieurs Mandans recouverts des peaux de bison dansent en imitant les mouvements des bisons dans la prairie. Chaque danseur tient un hochet dans la main droite. Pendant les quatre jours de la danse, les hommes âgés jouent du tambour et chantent des prières pour que les chasses aux bisons soient fructueuses. Le dernier jour, un danseur déguisé en démon de la famine entre au milieu des autres danseurs. Il est alors hué par la foule et doit vite s'en aller en signe de protection contre la disette.

La Danse de l'Ours chez les Utes

Cette cérémonie a lieu au début du printemps, dès que résonne le premier coup de tonnerre. Elle rend hommage au grizzli, créé par Sinawaf, le dieu des Utes, pour enseigner aux hommes la force et la sagesse. Cette danse doit réveiller l'ours qui guidera les humains pour cueillir des racines, des baies sauvages et des noix. Les hommes et les femmes pénètrent dans le cercle de danse, vêtus de costumes avec des plumes qui représentent leurs soucis. À la fin de la cérémonie, au bout de quatre jours, les plumes sont accrochées à un cèdre. Cela signifie que les humains se sont débarrassés de leurs problèmes.

Cette Danse de l'Ours a été réalisée par George Catlin en 1844.

LE SAULE ASSOCIÉ AU BISON

Pendant la Danse du Bison, les danseurs peuvent aussi tenir des branches en feuilles de saule : l'époque du retour du bison coïncide, dans cette région, au moment où les saules sont le plus vert.

Danse du Bison des Indiens Mandans peinte d'après une aquarelle de Karl Bodmer au XIXe siècle.

La Danse du Soleil

Cette cérémonie est une prière dansée pour que toute chose renaisse dans le cycle normal de la vie. Elle est toujours pratiquée par de nombreuses tribus des Plaines.

La danse qui regarde le soleil

Cette cérémonie a lieu chaque année, en été, et dure quatre jours, parfois plus ; toute la tribu y participe. Le meneur de cérémonie, wicasa wakan, est très respecté et connaît parfaitement toutes les étapes de la danse. Seuls les hommes-médecine ayant déjà participé à des Danses du Soleil peuvent devenir meneurs.

La préparation des participants

Lorsqu'une personne désire participer à la cérémonie, elle doit prévenir longtemps à l'avance le meneur. Un assistant de celui-ci devient alors le parrain du candidat et lui enseigne tout ce qu'il faut savoir : les tabous à respecter, comment se conduire jusqu'à la date de la cérémonie. C'est une longue préparation physique et mentale car cette célébration est perçue comme une offrande des corps et des âmes, pour le bien-être de toute la tribu.

LA PRÉPARATION DE L'ARBRE

La cérémonie se déroule sur un terrain choisi pour cette occasion. Le sol autour du mât central est recouvert de sauge. Le tronc de l'arbre sacré est décoré par endroits de couleurs différentes pour marquer les 4 directions. Divers objets symboliques (plumes d'aigles, petits sacs remplis de tabac, etc.) ornent son sommet, ainsi que de longues lanières pouvant descendre jusqu'au sol.

UNE SUCCESSION DE RITES

Les premiers rituels consistent à faire des prières dans un tipi cérémoniel, à préparer les objets qui serviront ensuite, à choisir un endroit pour construire la loge principale. Dans celle-ci, un crâne de bison sera posé sur un autel ainsi qu'un calumet.

Les femmes aussi pouvaient participer à la Danse du Soleil, sauf si elles étaient en période de menstruation.

L'arbre sacré

Il faut procéder à l'abattage d'un peuplier au sommet terminé par une fourche. De jeunes femmes ou de jeunes guerriers, selon les tribus, le coupent et l'ébranchent, après lui avoir adressé des prières. L'arbre, considéré comme sacré, est emmené sur le lieu de la cérémonie. Le tronc est dressé et fixé dans un trou creusé dans le sol. Après leur purification, ceux qui vont faire offrande se peignent le corps et le visage aidés par leurs parrains, puis ils dansent un peu autour du mât pour aplanir le sol.

La Danse du Soleil s'achève quand les danseurs se libèrent de leurs attaches au tronc, après que leur chair s'est déchirée. Les plaies sont parfois soignées avec des plantes, mais c'est surtout par des prières que les blessés cherchent à guérir.

Le sacrifice de la chair

L'épreuve finale consiste à offrir des lambeaux de chair au Grand Esprit. Pour cela, les danseurs se font percer un peu de chair sur la poitrine ou le dos (un peu comme pour des boucles dans les oreilles) avec des crochets reliés aux lanières fixées au sommet du mât central. Ainsi attachés, ils dansent des heures durant en regardant le soleil, soufflant dans des sifflets en os d'aigle et tirant de tout leur poids sur les lanières. Ils sont encouragés par les tambours et des chanteurs.

LA LOGE À SUDATION

C'est un petit dôme construit en branches de saule (qui a des caractéristiques apaisantes comme l'aspirine) recouvert de peaux de bêtes ou de couvertures. À l'intérieur sont placées des pierres brûlantes et des plantes sacrées et curatives (armoise, cèdre) sur lesquelles on verse de l'eau. Il s'en dégage une épaisse vapeur très chaude. Encore aujourd'hui, les hommes et les femmes le pratiquent séparément.

Avant la cérémonie, les participants devaient se purifier le corps et l'esprit dans une loge à sudation.

INTERDICTION DE LA DANSE DU SOLEIL

Cette cérémonie, capitale pour les Indiens mais jugée barbare par les Blancs, fut interdite à la fin des années 1880. John Collier, un Américain chargé des Affaires Indiennes et respectueux de leurs coutumes, fit lever l'interdiction en 1935.

En harmonie avec la nature

Des lois établies par la coutume réglementaient les droits de chasse, de pêche et de l'agriculture. Ces règles d'utilisation de la terre se fondaient sur des croyances religieuses ainsi que sur l'observation et l'expérience. Mais elles veillaient à la préservation des ressources naturelles pour le bien-être de tous les membres de la tribu.

La terre en partage

« Traitez bien la terre ;
elle ne vous a pas été donnée
par vos parents ; elle vous
a été prêtée par vos enfants.
Nous n'héritons pas
de la terre de nos ancêtres,
nous l'empruntons
à nos enfants. »

La rivière Colorado dans le Grand Canyon.

ENTRE LES MAINS DES FEMMES

Dans la région des Plaines, parmi les tribus qui pratiquaient l'agriculture (dont les Omahas et les Pawnees), les femmes étaient propriétaires des récoltes, des outils agricoles et des parcelles de terre qu'elles cultivaient. Elles pouvaient librement disposer des récoltes et les échanger contre d'autres biens, sans demander la permission aux hommes.

La terre ne se vend pas

Ce proverbe indien donne la définition de ce que la terre et tout ce qu'elle offre représente pour les Indiens. La terre ne pouvait jamais être vendue ni achetée puisqu'elle n'appartenait pas à la génération qui l'occupait ; les Indiens qui y vivaient et en vivaient, en étaient en quelque sorte les tuteurs et les gardiens pour la future génération. Leur conception de la propriété était très différente de celle des Blancs.

Les jardins familiaux

La ville de Secota en Caroline du Nord, à la fin du XVIe siècle. Cette gravure est tirée du *Livre des voyages* de Théodore de Bry.

Les parcelles de terre cultivées représentant un investissement de travail qui s'étalait sur plusieurs saisons étaient reconnues appartenir à des personnes précises. Ce droit était accordé à des familles ou à des clans, plutôt qu'à un individu. Chez les Mohicans du Nord-Est, des jardins potagers bien délimités, le long des rivières, se transmettaient par hérédité, et toute personne extérieure au clan ne pouvait y aller. Ce droit de « propriété » ne concernait que les terrains fertiles. Sur les terrains pauvres, les Indiens jugeaient inutile d'établir des règles de propriété.

Les greniers communaux

Dans le Sud-Est, parmi les Indiens Creeks, agriculteurs sédentaires, chaque famille récoltait les produits des jardins lui appartenant et les stockait dans son grenier. Mais une partie de ces récoltes était entreposée dans un grand bâtiment commun à toute la tribu. Ces provisions étaient stockées pour être distribuées selon les besoins à tous les membres de la tribu ; décision que seul le chef de village pouvait prendre.

Réserve d'eau sous forme de glace chez les Inuits.

LES BOISSONS

La plupart des Indiens buvaient des infusions de plantes plutôt que de l'eau pure. Ils buvaient aussi des jus en pressant les fruits et faisaient un gruau liquide avec de la farine de maïs. Sur la banquise, l'eau manquait (tout est gelé). La neige fondue fournissait l'eau potable. Sinon, seule la glace d'eau de mer était disponible. Mais le dessus de la glace étant moins salé, les Inuits n'utilisaient que la couche supérieure.

Transmis de père en fils

Les chasseurs du Nord-Est reconnaissaient à certains clans le droit de chasser le castor en des lieux délimités. Cette cession se faisait par héritage, leurs grands-parents ayant déjà chassé sur ces terrains, ils en avaient l'exclusivité. Les Algonquiens, du Pacifique aux Grands Lacs, se transmettaient ces territoires de chasse d'une génération à l'autre en passant par la descendance mâle. Ils alternaient d'une année à l'autre les terres réservées à la chasse pour ne pas exterminer le gibier. Il en était de même avec la pêche pour les tribus du Nord-Ouest dont les sites étaient transmis de père à fils.

Chez les chasseurs du Nord-Est ou les pêcheurs du Nord-Ouest, les traditions se transmettaient de père en fils.

La cueillette des plantes

Tous les Indiens se nourrissaient de plantes sauvages très variées. La cueillette et la préparation des récoltes étaient des tâches féminines. Les feuilles étaient plutôt utilisées en tisanes ou pour faire des potions soignantes.

Des pommes à griller

Quand se récoltaient les pignons de pin à la fin de l'été, des danses et des prières de remerciements honoraient les premières graines cueillies. Avec de longues perches, les femmes faisaient tomber les pommes de pin dans des paniers coniques. Elles étaient grillées et s'ouvraient en libérant les pignons qu'il fallait alors écorcer et trier avant de les réduire en farine. Mélangée à de l'eau, cette farine permettait la confection de galettes. Quand il gelait, les enfants se régalaient avec des petites boules de cette pâte, ressemblant à des glaces.

Cette Indienne de la tribu Papago en Arizona est en train de cueillir des fruit de cactus.

RECETTES INDIENNES

Les Comanches mangeaient les oreilles de petits cactus (prickly pear) qu'ils faisaient cuire après en avoir retiré les piquants. Les Cherokees (Nord-Est) chauffaient dans de l'eau les pétales des fleurs de yuccas. Cela avait le goût du choux. Sur la côte nord-est, les Indiens préparaient une soupe avec des lichens.

Des racines crues ou cuites

Des tubercules (topinambours, navets) ou bulbes (oignons, camas) sauvages constituaient des mets délicieux. Certains se consommaient crus, d'autres, tel le camas, se cuisaient plusieurs jours dans des trous remplis de pierres chauffées par des braises. Le camas, très riche en protéines, était important dans l'alimentation des Indiens du Plateau (Nez-Percés) et du Grand Bassin (Paiutes, Shoshones). Abondant dans les prairies de ces régions, ses fleurs bleues couvraient de grands espaces. Les bulbes se ramassaient, de fin juillet à septembre, avec un bâton à l'extrémité pointue.

Indiennes d'Alaska ramassant des baies.

Fraises.

Dans la région des lacs, hommes et femmes s'associaient pour cueillir le riz sauvage.

LE FEU AU SERVICE DES PLANTES

Presque toutes les tribus pratiquaient un contrôle sur leurs écosystèmes par le feu. Dans la région des Plaines comme dans les régions boisées, cela permettait la repousse d'herbe tendre, la prolifération des arbustes à baies, l'éclaircissement des forêts denses. Cela facilitait aussi la chasse.

Une céréale essentielle

Les Indiens des régions de lacs et de marais récoltaient le riz sauvage de fin août à début septembre. Dans des eaux peu profondes, les hommes dirigeaient leurs canoës à l'aide de longues perches. Installées à l'arrière, les femmes saisissaient des gerbes de riz qu'elle battaient pour faire tomber les grains dans le canoë. Ils séchaient au soleil ou près d'un feu, puis étaient séparés de leur enveloppe. Le riz se conservait dans des récipients en écorce de bouleau comme ceux des Chippewas et des Ojibways, grands consommateurs de cette céréale.

Framboises.

Les baies partout et toujours

Les baies sauvages se récoltaient dans toutes les régions. Les Iroquois (Nord-Est) organisaient des danses en juin en l'honneur des fraises qu'ils récoltaient. Les Salishs (Nord-Ouest) honoraient la première récolte de framboises sauvages avec une cérémonie : ils les cuisaient dans un pot en terre tout neuf et les participants se tenaient debout autour du feu les yeux fermés. Les Paiutes (Grand Bassin) écrasaient les prunes et formaient de petites galettes qui, une fois séchées au soleil, se conservaient plusieurs mois. Les baies séchées étaient stockées dans des récipients.

Mûres.

Myrtilles.

LE PLAISIR DU SUCRÉ

En automne, de nombreuses tribus vivant dans les régions boisées récoltaient le miel. La récolte du sirop d'érable débutait en mars. Les Indiens pratiquaient une incision dans le tronc de l'arbre à 1 m du sol. Ils y plantaient une pointe en bois de cèdre pour faire couler la sève dans un récipient posé au pied.

Une agriculture inventive

Indienne Navajo et sa fille travaillant dans un champ de maïs en 1939.

Les Indiens pratiquaient une agriculture ingénieuse, bien avant l'arrivée des Blancs qui découvrirent la culture du maïs et d'autres plantes nourricières. Dans toutes les régions, à l'exception du Sud-Ouest, c'était plutôt le domaine des femmes.

La naissance de l'agriculture

Aux alentours de 2000 av. J.-C., les Indiens domestiquèrent des graminées sauvages en enfouissant les meilleures graines dans la terre près de leurs villages. Les femmes s'occupèrent ainsi de plantes sauvages qui s'acclimataient bien dans leurs régions, dont le tournesol et plusieurs variétés de courges. De cette technique, reposant sur l'observation et la connaissance de l'environnement, émergea l'agriculture. De 250 av. J.-C. à l'an 100 de notre ère environ, naquit une économie de productions vivrières reposant sur des plantes locales sélectionnées. Vers 800, le maïs devint la céréale majoritairement cultivée par les Indiens.

Les trois sœurs

Les trois sœurs (maïs, haricot et courge) furent plantées par les Indiens dans beaucoup de régions, mais ce furent d'abord ceux du Nord-Est qui développèrent cette façon d'associer des plantes complémentaires. Ces jardins des trois sœurs formaient un écosystème réussi : tandis que le maïs poussait avec de hautes tiges, les haricots s'enroulaient autour. Les courges conservaient l'humidité au pied du maïs et des haricots ; les haricots, quant à eux, fixaient le nitrogène (azote) de l'atmosphère et le redistribuaient dans le sol pour fertiliser le maïs et les courges.

Cette association entre des légumes et des céréales montre son efficacité depuis des siècles.

Comment manger le maïs sacré ?

Le maïs, véritable source de vie, était honoré dans de nombreux cultes et utilisé rituellement à l'occasion de toutes les cérémonies. Les Séminoles (Floride) se purifiaient l'estomac avant de manger la première récolte de maïs en buvant un breuvage qui les faisaient vomir. Ainsi, dans leur estomac vidé, le maïs sacré ne touchait aucun autre aliment.

La technique de culture des Pueblos

Dans le Sud-Ouest, en plusieurs millénaires, les Indiens Pueblos améliorèrent et multiplièrent des variétés de maïs de différentes couleurs et qualités. Ils avaient des systèmes d'irrigation, pratiquaient la sélection des espèces et la rotation des cultures. Leur culture traditionnelle reposait sur l'exploitation de petits champs (milpas) que le cultivateur indien organisait en petits monticules à ensemencer. C'était la technique du buttage. Contrairement aux champs labourés, les monticules s'érodaient moins à la pluie et permettaient de stabiliser le sol.

Chez les Pueblos, la technique du buttage fut appliquée jusque dans les années 1930.

L'irrigation en terre aride

Les Pueblos, vivant dans une région presque désertique, irriguaient leurs champs grâce à de complexes systèmes de circulation d'eau. Ils construisaient avec des pierres et des branches des petits barrages pour retenir l'eau de pluie ou de ruisseaux. Ils la distribuaient ensuite par un ingénieux réseau de canaux circulant dans les champs dispersés autour des villages. Grâce à cette irrigation contrôlée, ils faisaient pousser plusieurs variétés de courges, de haricots, de maïs, du coton ainsi que des fruits (pêche, raisin, abricot, melon).

LES CACHES À PROVISIONS

Les provisions rangées dans des récipients en terre, en cuir ou en vannerie, et fermés hermétiquement, étaient entreposées dans des « caches », de grands trous creusés dans le sol et recouverts de branchages et de terre.

UNE PLANTE VÉNÉRÉE

Le tabac était cultivé partout, ses vertus étaient essentiellement spirituelles : la fumée qui s'envolait vers le ciel portait les prières des humains vers les dieux.

Récolte de houblon dans l'état de Washington au début du XXe siècle.

Dans le sillage des pêcheurs

Les Indiens des tribus des côtes Pacifique et Atlantique, dont les moyens de subsistance reposaient sur les voies navigables entre la côte, les îles et les rivières, étaient de grands pêcheurs. Le long des fleuves et des lacs, ils pêchaient aussi selon leurs besoins.

Les Indiens ont toujours pêché le saumon avec beaucoup de respect.

Conservation du poisson

Les poissons se consommaient frais, séchés ou fumés. Une fois séchés, ils étaient mis dans des récipients et se conservaient longtemps. Certains étant trop gras, les femmes les faisaient bouillir et récupéraient la graisse qui remontait à la surface.

Pêcheur indien dans la rivière Colorado.

Poissons et mammifères marins

Cinq espèces de saumons constituaient la ressource alimentaire de base des Indiens pêcheurs de la côte et le long des fleuves (Chinooks, Tillamooks et Salishs à l'Ouest, Micmacs, Hurons et Ojibways à l'Est). D'autres poissons – anguilles, flétans, truites, cabillauds – et mammifères marins – phoques, lions et loutres de mer, baleines – occupèrent dans certaines tribus (Inuits et Makahs) un rôle essentiel, pour la nourriture ou pour le commerce (fourrure de phoque, huile de baleine).

Des techniques efficaces

Pour capturer les bancs de saumons qui, chaque année, remontaient les rivières pour aller pondre, les Indiens du Nord-Ouest et du Nord-Est installaient des barrages sur les chutes d'eau que devaient franchir avec difficulté les poissons. Leur technique était si efficace qu'elle aurait pu les exterminer. Mais ils prenaient soin d'en laisser passer toujours plusieurs pour qu'ils se reproduisent et retiraient leurs pièges dès qu'ils en avaient pris assez.

Vénérable saumon

Chez les Wishrams, sur le fleuve Columbia, les premiers saumons pêchés étaient coupés en petits morceaux et donnés aux jeunes enfants. D'autres tribus laissaient toujours passer les premiers poissons, car ils étaient considérés comme les guides du peuple saumon. Sur la côte Pacifique, les Chinooks plaçaient une baie de fruit sauvage dans la bouche du premier saumon attrapé et découpaient toujours les poissons en croix. Chez les Tillamooks, les hommes importants mangeaient les premiers saumons et jetaient dans le feu les arêtes.

Chasse à la baleine

Les seules tribus à avoir chassé activement les baleines étaient celles des Nootkas, des Makhas et des Salishs au Nord-Ouest, et des Inuits en Alaska. Hormis les Shinnecocks de Long Island, les Indiens du Nord-Est se contentaient de manger celles qui s'échouaient sur les côtes. La viande et particulièrement l'huile de baleine étaient très prisées, tout autant que les os et les fanons qui servaient à fabriquer des outils.

Bien que dangereuse, la chasse à la baleine était une activité particulièrement prestigieuse et avait un caractère héréditaire : ce privilège se transmettait de père en fils.

PÊCHER SUR LA GLACE

Lorsque les eaux des lacs étaient recouvertes de glace, les hommes creusaient des trous et mettaient des lignes avec un hameçon et un appât. Une autre technique consistait à remuer la surface de l'eau avec un bout de bois, pour attirer le poisson à la surface, avant de le harponner avec une lance.

PÊCHE DE NUIT

Les Indiens pêchaient parfois de nuit : ils allumaient des torches près des rives ou sur des canoës pour attirer les poissons qu'ils tuaient avec des lances et des flèches attachées à l'arc par une longue lanière.

L'ART DE CHASSER LA BALEINE

Les Indiens pêchaient les baleines dans des canoës sculptés. Des flotteurs en peau de phoque gonflée étaient accrochés aux cordes des harpons. Confectionnés en bois d'if, ceux-ci mesuraient environ 6 m de long ; leurs pointes étaient équipées de coquilles de moule.

Des chasseurs respectueux

Flèches empoisonnées

Pour chasser, les Indiens du Plateau empoisonnaient parfois les pointes de leurs flèches avec du venin de serpent à sonnette.

Cette girouette-effigie a été réalisée par un Blanc au XIXe siècle. Elle représente un chasseur indien.

La chasse se pratiquait dans toutes les tribus et selon un rythme saisonnier qui obligeait les Indiens à se déplacer. Les périodes de festin alternaient avec celles de privation. Mais dans toutes les régions, les Indiens savaient tirer le maximum des ressources animales.

Cérémonies d'offrandes

En pratiquant ces cérémonies, principalement des danses, les Indiens demandaient la permission aux animaux de les tuer pour qu'ils se nourrissent. S'ils ne respectaient pas ces rituels, les animaux seraient fâchés et risquaient de ne jamais revenir. Les Yaquis, au Sud-Ouest, avaient une danse baptisée Danse du Cerf qu'ils donnaient en l'honneur de ces animaux qu'ils chassaient.

Les ours chassés mais respectés

Dans le Nord-Est, les Hurons pratiquaient la chasse à l'ours, en petits groupes et avec des chiens. Les ours étaient des animaux craints et respectés. Peu de tribus les chassaient et toujours en petite quantité. Les Washoes (Grand Bassin) tuaient parfois un ours en train d'hiberner et seuls les chasseurs avaient le droit de manger sa chair. Tout ce qui n'était pas consommé était cérémonieusement enterré. Les Indiens du Plateau enfumaient les endroits où hibernaient les ours pour les faire sortir de leur tanière et les tuer.

La chasse à l'ours était très dangereuse.

À chaque proie sa méthode

Les cerfs et les chevreuils étaient souvent attrapés avec des pièges. Une autre méthode qui impliquait toute la tribu était d'organiser une battue et de pousser ces animaux dans un lac ou une rivière où des chasseurs en canoës les achevaient. Le renard, le lièvre, les oiseaux se chassaient surtout à l'arc et à la lance. Les Abénakis au Nord-Est chassaient l'élan en imitant son cri en période d'accouplement. Ainsi leurré, il s'approchait des humains qui le tuaient avec des flèches ou des lances. Les animaux dont la fourrure pouvait se marchander, comme les castors, étaient attrapés avec des pièges.

Ces chasseurs sont recouverts de peaux de cerf pour approcher l'animal au plus près.

Dans les déserts

Les Indiens des régions du Grand Bassin et du Sud-Ouest, pauvres en gros gibier, ramassaient aussi en période de disette des insectes (larves, œufs de fourmis, sauterelles, vers de terre) et des reptiles (lézards, tortues, serpents). La chasse aux sauterelles se faisait en organisant des battues pour conduire des nuées de ces insectes au-dessus de grandes tranchées creusées dans le sol. Des chasseurs les faisaient alors tomber dedans. Les plus grosses sauterelles étaient grillées comme des cacahuètes. La plupart du temps, les femmes écrasaient les insectes et mélangeaient la pâte obtenue avec des plantes.

Indiens Pueblos en train de donner une répresentation de la Danse du Cerf.

CHASSER EN DOUCEUR

Dans la région du Grand Bassin, les chasses aux antilopes pronghorns étaient menées par des individus possédant des pouvoirs spéciaux sur elles : ils leur parlaient ou leur chantaient, dormaient près d'elles plusieurs nuits de suite avant de les prendre en chasse.

CUITES À L'EAU

Les viandes se faisaient griller sur le feu ou cuire en bouillon. Pour les cuisiner en ragoût, les nomades qui n'avaient pas de poterie ni de casserole en métal remplissaient d'eau des paniers finement tressés et ajoutaient dans l'eau des pierres bouillantes.

La chasse au bison

Dans les années 1800, les Grandes Plaines étaient le territoire de chasseurs nomades et d'agriculteurs sédentaires. Pour tous, le bison représentait une source de nourriture et de matériaux.

La chasse au bison, dont dépendaient les nomades des Plaines, était spectaculaire et demandait beaucoup de courage.

De très jeunes chasseurs

Dès l'âge de 10 ans, les garçons – s'ils étaient assez forts pour tenir la course avec un bison et planter assez profondément une flèche dans la chair de l'animal – accompagnaient les hommes à la chasse. Ils montaient de jeunes chevaux et devaient suivre les ordres d'un adulte qui veillait sur eux.

Tir à l'arc

Avant le début de l'utilisation du fusil à répétition par les Indiens des Plaines (vers 1870), les arcs furent longtemps employés et même parfois les lances. L'arc était de petite taille, confectionné en frêne ou en pommier sauvage. Le carquois, porté dans le dos du cavalier, contenait une vingtaine de flèches marquées afin de pouvoir être identifiées sur les bêtes tuées.

Un animal silencieux

Lorsqu'ils se reposaient, même en immense troupeau, on pouvait passer près des bisons sans les entendre tant ils étaient silencieux. Seule la multitude de petits oiseaux, qui vivaient en symbiose avec eux, lançait des pépiements tapageurs.

Techniques de chasse

RÈGLES DE CHASSE

Chez les Blackfeet, un tabou interdisait de transporter la viande découpée sur un cheval de chasse. Des cavaliers, membres de sociétés guerrières, veillaient sévèrement au respect des règles de chasse, et gare à celui qui partait avant le signal d'attaque donné par le chef ! Il risquait de se faire exclure du village.

LE PEMMICAN

Le pemmican était la préparation culinaire la plus populaire parmi les peuples chasseurs de bison. Elle consistait en un mélange de baies sauvages, de gras et de viande séchée de bison. Le pemmican se conservait de longs mois dans des sacoches en cuirs appelées « parflèches ».

La chasse au bison se faisait selon des règles très strictes et toute la tribu, des enfants aux vieillards, y jouait un rôle précis. Trois méthodes de chasse étaient employées : la poussée des bisons jusqu'à une falaise, l'encerclement ou la poursuite.

Les falaises aux bisons

La course jusqu'à la falaise se pratiquait surtout avant l'arrivée des chevaux. Elle consistait à diriger un troupeau de bisons au bord d'un précipice pour les pousser dans le vide. Les femmes et les enfants y participaient en formant un couloir en forme d'entonnoir jusqu'au gouffre, tandis que les chasseurs poussaient les bisons. À force de cris et de gesticulations, les animaux affolés se ruaient dans le précipice.

Encerclement dangereux

L'encerclement représentait la méthode la plus dangereuse et nécessitait un grand nombre de cavaliers pour cerner un troupeau et abattre les animaux en état de panique. Rendus fous furieux, les bisons chargeaient les chasseurs et leurs montures qui se trouvaient sur leur passage.

Si un homme empruntait un cheval de chasse, il devait payer son propriétaire, le plus souvent, en produit de sa chasse.

La chasse aux bisons a beaucoup inspiré les peintres américains du XIXe siècle, comme ici Alfred J. Miller, à gauche, et George Catlin, à droite.

Chasse poursuite aux bisons

La technique la plus utilisée était celle de la poursuite. Avant la chasse, le chef du village et un conseil de sages définissaient, selon la taille et l'emplacement du troupeau, la stratégie à suivre. Au départ, chaque chasseur chevauchait un cheval ordinaire (utilisé ensuite pour porter la viande) et menait par une corde son « poney bison » dressé pour la chasse. Arrivés près des bisons, les chasseurs changeaient de monture et confiaient la garde des autres chevaux aux femmes, aux enfants et aux vieillards, restés en arrière pour dépecer la viande et les peaux. Les chasseurs galopaient près de leur proie et un cheval bien dressé s'écartait brusquement dès qu'il entendait partir la flèche. Chaque homme tuait quatre à cinq bisons.

Le cheval de chasse

Il fallait des chevaux courageux et spécialement dressés pour galoper dans un troupeau de bisons. Le chasseur choisissait l'animal qu'il voulait tuer et le séparait de la masse en lançant son cheval entre lui et le troupeau. Il pouvait ainsi l'approcher sans risque de se faire piétiner par les bêtes, danger auquel il s'exposait souvent en serrant de trop près les immenses troupeaux. La bride reposait librement sur l'encolure du cheval et le cavalier se penchait très en avant en se laissant basculer sur le côté de sa monture, l'arc bandé, prêt à tirer dès qu'il se trouvait à la hauteur du bison.

La tenue du chasseur

Les chasseurs préféraient monter à cru afin d'éviter toute surcharge à leur monture. Certains, cependant, utilisaient la selle légère appelée « piège à grouse ». Ils prenaient soin de se débarrasser de tout vêtement inutile, ne portant que des jambières, un pagne, des mocassins et parfois une tunique sans manches pour ne pas gêner leurs mouvements.

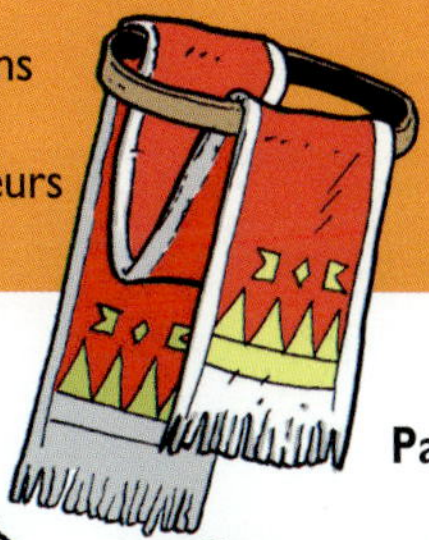

Pagne.

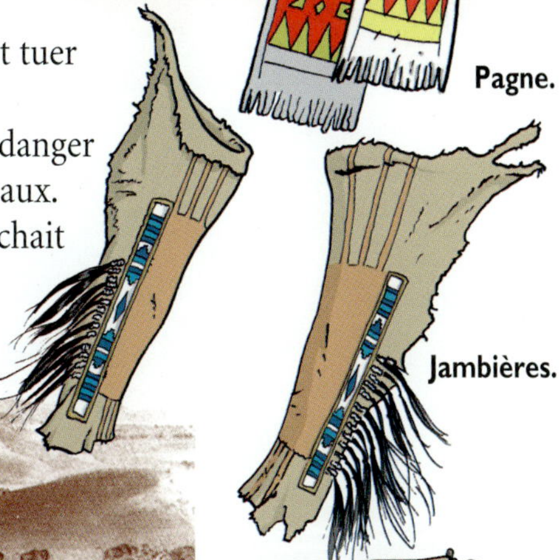

Jambières.

Mocassins.

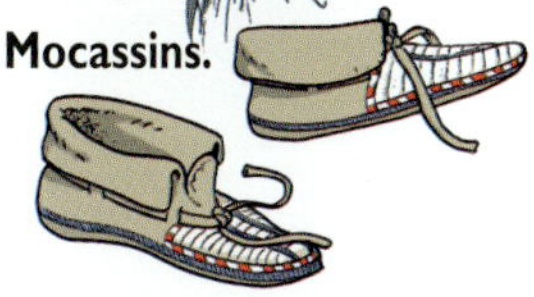

À l'écoute des animaux

Observant que les animaux avaient des comportements à la fois similaires et différents des leurs, les Indiens les percevaient comme des êtres mystérieux, doués d'intelligence, de pouvoirs surnaturels et dignes de respect. Parce qu'ils étaient souvent à l'origine de la création de l'homme, les Indiens les estimaient autant que leurs proches parents.

118
Dans l'air
ou dans l'eau

120
Du plus grand
au plus petit

Le pacte avec les animaux

Sacrifié par les humains, l'aigle, en mourant, portait au ciel leurs prières.

Les Indiens pensaient qu'au cours du processus de la formation du monde, les animaux et les humains avaient tissé des liens étroits. Pour que l'humanité survive, il fallait que les pactes de bonne entente entre les humains et les animaux soient maintenus.

Les animaux partenaires

Les animaux jouaient différents rôles auprès des humains : ils étaient des aides, des intermédiaires ou des médiateurs avec les divinités supérieures. Les Pueblos sacrifiaient des aigles qu'ils révéraient comme étant les messagers des dieux. Un animal apparaissait souvent à une personne ayant une vision. Cet animal, considéré comme un Esprit, devenait alors son protecteur et l'homme l'honorait toute sa vie. Ainsi, un homme rêvant d'un saumon était sûrement prédestiné à devenir un bon pêcheur.

Les joueurs de tours

Une catégorie d'animaux appelés « joueurs de tours » intervenait pour résoudre des problèmes ou parfois en créer. Un peu comme dans les fables de La Fontaine : chez les Haidas au Nord-Ouest, le corbeau aidait les humains en volant au loup l'eau douce, puis aux castors les poissons et les nasses pour pêcher. Présent dans les histoires orales de nombreuses tribus, le coyote était un héros malicieux mais souvent d'une grande sagesse.

Entre eux aussi, les animaux se faisaient des farces.

Ce masque, appartenant à une tribu de la côte nord-ouest, représente l'oiseau-tonnerre Kwakwaka'wakw.

Les animaux porteurs de sens

Du plus petit au plus grand, de l'insecte au mammifère marin, chaque animal possédait des qualités que les Indiens, très attentifs, prenaient comme modèles. Prendre le temps d'observer les comportements des animaux était primordial, car chacun détenait des pouvoirs particuliers. Ainsi, le papillon représentait la discrétion et l'agilité et, avant la bataille, certains guerriers peignaient sur leurs corps des motifs en forme de ce fragile animal.

Les animaux monstres

Il existait des animaux mythologiques formés de divers éléments et possédant les caractéristiques de plusieurs d'entre eux. Ils possédaient des pouvoirs immenses et seuls les êtres divins et les hommes-médecine savaient communiquer avec eux ou se battre contre eux. La plupart étaient malveillants et mangeurs de chair humaine. Les monstres aquatiques se comptaient parmi les plus nombreux, dont Mitchi Pichoux (Crees, Nord-Est) qui provoquait les dangereux rapides tumultueux sur les rivières, ou Hakulaq (Tsimshians, Nord-Ouest) un monstre femelle qui déclenchait les tempêtes sur l'océan.

Cette serre d'aigle appartenait à un homme-médecine de la tribu crow.

Oiseau Tonnerre

Cet animal mythique, commun à de nombreuses tribus (Crows, Haidas, Arapahos) personnifie l'orage. Un battement de ses ailes fait gronder le tonnerre et un clignement de ses yeux envoie des éclairs. Il peut être bienveillant ou malveillant et ses pouvoirs sont immenses.

Unions mixtes

Les mariages entre humains et animaux étaient fréquents dans les mythes indiens, à l'époque où les animaux et les humains vivaient ensemble et parlaient la même langue, avant qu'ils ne se séparent.

Fétiches

Pour s'assurer le pouvoir des animaux, les Indiens décoraient leurs armes ou objets cérémoniels d'attributs leur ayant appartenu (plumes, griffes, peaux). Ils les représentaient aussi en dessins ou sculptures.

Le prince de la prairie

Peu d'animaux ont autant façonné le mode de vie d'un peuple que le bison des Indiens d'Amérique du Nord. Il figurait dans leurs légendes, leurs rituels, leurs tabous et leurs visions.

La femelle bison porte 9 mois son bébé avant de mettre bas.

Un modèle de vie

Les peuples du bison connaissaient parfaitement les habitudes de ces animaux dont ils dépendaient. Les femmes qui avaient observé le comportement attentionné et protecteur des femelles envers leurs petits, les tenaient pour un modèle de qualités féminines. Les Sioux, pour qui l'hospitalité était une vertu essentielle, la retrouvaient dans le comportement des bisons qui laissaient des petits oiseaux nicher dans la fourrure entre leurs cornes. Ces observations influençaient sous diverses expressions les croyances et les rituels des Indiens.

Un grand mâle peut mesurer 2 m de haut et peser plus de 900 kg.

Une étonnante mise en valeur

De ce prince de la prairie, les Indiens tiraient le maximum. Non seulement sa chair procurait les protéines vitales, mais chaque partie était utilisée. Rien n'était gaspillé et quatre-vingts manières d'utiliser les parties non comestibles furent répertoriées parmi différentes tribus. Les os servaient à faire des outils et des armes. La peau donnait des couvertures, des vêtements, le revêtement des embarcations et des tipis. Les sabots produisaient de la colle, les nerfs étaient utilisés pour les cordes des arcs ainsi que pour les lanières.

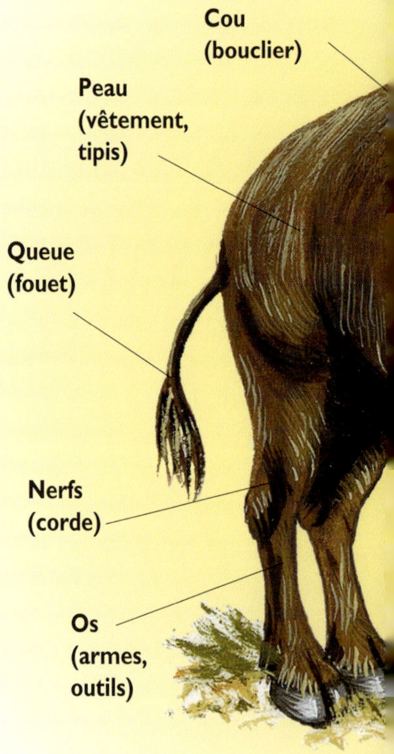

Le mode de vie de l'ensemble des Indiens des Plaines dépendait presque uniquement du bison.

Un combustible pratique

Dans les grandes prairies, le bois manquait souvent. Pour pallier ce manque, les femmes ramassaient les bouses sèches de bisons et les utilisaient comme du charbon. Une fois séchée, la bouse ne sent pas mauvais !

Peau d'été, peau d'hiver

Les peaux d'automne et d'hiver, à la fourrure dense, étaient tannées avec les poils et servaient à la confection de « robes » (genre de couvertures portées sur le dos) ou de gants d'hiver. Celles d'été et de printemps étaient rasées et tannées pour faire des vêtements légers, des revêtements de tipis, des sacs, des selles et autres harnachements pour les chevaux. Non tanné, le cuir cru apprêté par grattage et tonte des poils donnait un matériau très solide avec lequel se confectionnaient de nombreux articles comme des étuis à couteaux, des semelles de mocassins ou des tambours.

Un tempérament ardent

Leur aspect calme et pacifique de ruminants de la famille des bovidés cachait une nature imprévisible. Les bisons pouvaient tenir sur une longue distance la vitesse de 60 km/h, ce qui surprenait pour des animaux aussi lourds. En cas de danger, les mâles formaient un cercle fermé autour des plus faibles et, tête baissée vers les prédateurs, dressaient un mur infranchissable de muscles et de rage.

LES BISONS CONDAMNÉS

Pour vaincre les Indiens, le gouvernement des Blancs décida d'exterminer les bisons, leur source principale de subsistance. De 1870 à 1875, 12,5 millions de bisons tués furent officiellement recensés par la vente de leurs peaux. Le cheptel, estimé, en 1800, à 60 millions de têtes, était descendu, en 1889, à moins de 1 000.

Les bisons peuvent vivre jusqu'à 40 ans.

LE PETIT BISON

À sa naissance, en avril ou en mai, le nouveau-né pèse entre 15 et 30 kg. Sa fourrure est d'un beau rouge brun et il n'a pas encore la bosse typique de son espèce. Au bout de 2 à 3 mois environ, sa couleur vire au brun foncé et sa bosse pousse. Mère et enfant communiquent entre eux par toute une gamme de sons variés, tels des meuglements ou des bêlements s'ils sont éloignés l'un de l'autre.

Des chevaux pour la vie

Sur la terre américaine, les chevaux conquirent le cœur des Indiens et se fondirent intimement dans leur univers. Leur adoption par toutes les tribus représenta, dans l'histoire de l'Amérique, une véritable révolution culturelle et économique.

Le mustang

La conformation squelettique du mustang se distinguait par 5 vertèbres lombaires et 17 paires de côtes, au lieu de 8 vertèbres et 18 paires de côtes chez les autres chevaux. Il pesait entre 250 et 350 kg pour une hauteur d'environ 1,40 m au garrot.

Petit mais costaud

Ces petits chevaux à l'aspect trapu l'emportaient en robustesse sur les montures plus grandes des Blancs.

De la peur à l'admiration

Lors de la conquête espagnole dans le Sud-Ouest, les Indiens furent terrorisés par les cavaliers espagnols en armure qui disaient que leurs chevaux étaient cannibales. Mais les guerriers indiens dominèrent la frayeur que leur inspiraient ces animaux inconnus, dès qu'ils comprirent qu'une flèche pouvait les tuer. Imitant les Espagnols, ils apprirent à monter à cheval. Cependant, la dispersion du cheval – arrivé d'abord dans le Sud-Ouest au XVIe siècle – sur le continent américain se déroula lentement de 1541 à 1784.

L'impact des chevaux

La majorité des Indiens eurent des chevaux avant d'entrer en contact avec les Blancs, grâce aux échanges entre tribus et à la propagation des mustangs sauvages. Les chevaux auraient atteint les Plaines vers 1600 pour en faire leur terre favorite. Avec eux, les nomades allongèrent leurs déplacements et développèrent une culture fondée sur la guerre et la chasse. Le besoin de trouver, été comme hiver, des pâturages fut une nouvelle cause de migration des nomades, soucieux de respecter l'équilibre écologique d'un endroit pour ne pas en épuiser les ressources.

Ce furent les Espagnols qui réintroduisirent le cheval en Amérique.

Guerre contre les chevaux

Les chevaux des Indiens, qui leur permettaient de se battre et de chasser, furent victimes de la volonté du gouvernement américain d'anéantir les cultures indiennes au XIXe siècle. Ils furent exterminés ou croisés avec des chevaux de trait.

Dans le canyon de Chelly, en Arizona, ces dessins sur des parois montrent l'arrivée des Espagnols à cheval.

Le cheval, richesse individuelle

Le cheval devint une monnaie d'échange, dans des sociétés qui ignoraient le concept de l'argent. Il permit d'acquérir les biens les plus sacrés : une peau de bison blanc, une pipe cérémonielle, des charmes puissants. Le don de chevaux concédait du prestige au donateur, aussi le rang social d'un homme dépendait souvent, non pas du nombre de chevaux qu'il possédait, mais de la quantité de ceux qu'il donnait. La valeur d'un cheval était flexible : elle était estimée en fonction de ses qualités mais aussi de sa rareté, selon les années et les régions.

Très jeunes, les Indiens apprenaient à capturer des chevaux.

La Danse du Cheval

L'arrivée soudaine du cheval dans les cultures indiennes modifia non seulement les aspects matériels, économiques et sociaux, mais également l'univers spirituel. La plupart des mythes attribuaient le don des chevaux aux divinités des eaux ou du ciel. Les cérémonies dédiées au cheval, très anciennes, répondaient au besoin d'apprendre à le soigner, mais aussi au désir d'assimiler les pouvoirs extraordinaires liés à son tempérament. La plus répandue était celle de la Danse du Cheval, aussi importante pour les Indiens Assiniboines que la Danse du Soleil pour les Sioux.

AUX ORIGINES

Le premier cheval, *Eohippus*, apparut sur le continent nord-américain il y a 55 millions d'années. Après avoir évolué, en *Equus Caballus*, ancêtre des chevaux actuels, il disparut du continent américain vers 850 av. J.-C.

LES GRANDS CHIENS

À l'époque pré-équestre, les sociétés indiennes qui avaient domestiqué les chiens dépendaient étroitement du transport canin. Lorsque le cheval fit son apparition, les Indiens l'associèrent d'abord à un animal utilitaire supérieur au chien, avant de le monter.

Chez les Assiniboines

Il est « Sho-a-thinga » et « Tongatch-shonga », (Chien Merveilleux).

Chez les Sarcees

Il est « Chistli » (Sept Chiens).

Chez les Blackfeet

Il est « Ponokamita » (Chien Wapiti).

Chez les Sioux

Il est « Sunke-Wakan » (Chien Mystère).

Dans l'air…

L'apprentissage de la vie pour les Indiens passait par l'observation de la vie des animaux dont ils dépendaient pour mieux les connaître et les respecter.

VOLER DES PLUMES À UN AIGLE VIVANT
Le chasseur iroquois se cachait en creusant un trou recouvert de branches, sur lesquelles il déposait un appât ; il attendait alors qu'un aigle vienne s'en saisir. Il devait d'une main saisir les pattes et de l'autre arracher rapidement quelques plumes.

Le peuple ailé

Les oiseaux et les insectes volants peuplaient le monde au-dessus de la terre. La plupart des Indiens révéraient l'aigle et interdisaient sa chasse, ce qui rendait difficile l'acquisition des plumes pour les parures.
Le minuscule colibri représentait pour les Shoshones l'Esprit du tonnerre ou de l'éclair. La chouette était un modèle pour les hommes-médecine : ceux qui en rêvaient avaient la réputation de traiter leurs patients avec douceur. Les Indiens admiraient particulièrement la libellule et le papillon aux vols agiles, si difficiles à attraper.

…ou dans l'eau

Des oiseaux aux poissons, aucun animal n'était insignifiant, chacun ayant des qualités que pouvaient copier les hommes.

PROTECTION DES BALEINES
La loi protégeant les baleines de nos jours est attaquée par certaines tribus qui depuis longtemps ne dépendent plus de ce mammifère pour se nourrir : les Makahs argumentent que cette chasse fait partie de leurs traditions et qu'elle est importante pour que survive leur culture ancestrale.

Les animaux aquatiques

Les poissons et les mammifères marins appartenaient au monde de l'eau. La tortue, symbole de longévité, était très respectée. Sa nature amphibie, sa carapace joliment dessinée et solide comme un bouclier faisaient l'admiration de tous. Pour beaucoup de tribus, elle était à l'origine de la création de la terre. De nombreux peuples (Nord-Ouest, Plateau) dépendaient du saumon pour se nourrir et le vénéraient comme un Esprit bienfaiteur. Le cachalot et la baleine étaient sans conteste les maîtres des océans.

Pour les Shoshones, le colibri est aussi puissant que l'aigle.

Chez les Zunis, c'est l'Esprit Katchina Paiyatemu qui crée les papillons en jouant de la flûte.

Dans certaines sociétés secrètes creeks, les hommes-médecine chantent des chants aux chouettes pour qu'elles protègent leur village des maladies.

Dans la légende des Caddos , c'est la Grande Tortue qui tua les 4 monstres plantés en terre comme un seul arbre. Elle creusa sous leurs pieds jusqu'à les déraciner.

Chez les Haidas, l'Esprit Yayu est le gardien des baleines et les protège.

Pour les Tsimshians, la déesse Nuage-Lumineux est un saumon. Elle a épousé un corbeau très amoureux d'elle.

Du plus grand au plus petit

Les tribus apaches, sioux et chippewas interdisaient de tuer les ours.

Le monde des animaux que côtoyaient les Indiens d'Amérique était très varié. Les déserts, les vallées verdoyantes, les forêts sombres et les pics enneigés étaient les territoires d'une faune surprenante.

Les prédateurs sur la Terre

L'ours représentait un symbole de puissance et de sagesse pour les Indiens qui lui attribuaient aussi des pouvoirs de guérison. Il se tenait debout sur deux pattes, comme les humains, et n'avait aucun prédateur. Le loup était le modèle suprême pour le guerrier qui lui reconnaissait les qualités guerrières et sociales primordiales : force, courage, sens aigu de la famille et solidarité dans son clan. Le renard symbolisait la douceur et la persévérance.

C'est le coyote, présent sur tout le continent, qui inspira le plus grand nombre de mythes et légendes.

L'ourse et le petit garçon

Les Iroquois et les Hurons (Nord-Est) racontent la légende d'une mère ourse qui adopta un jeune garçon maltraité par son beau-père. Puis elle se sacrifia pour lui en se laissant tuer par des chasseurs. Devenu lui-même un grand chasseur, ce garçon enseigna aux humains à respecter les ours. De nombreux hommes-médecine de diverses tribus (Apaches, Sioux, Chippewas) se déguisaient en ours quand ils pratiquaient des rituels de soins.

Certains animaux, telles l'agile chèvre blanche des montagnes Rocheuses et la curieuse antilope proghorn, ne vivent que sur le continent américain.

Les animaux du monde souterrain

Les insectes rampants et les serpents peuplaient le monde souterrain. Le serpent était, par son aspect mystérieux, très respecté. Comme la plupart des animaux dangereux, il avait le pouvoir de blesser mais aussi de guérir. Généralement, il était associé aux sources et aux rivières. Dans la mythologie zuni, le ver de terre, allié à la tortue, aidait les Frères Jumeaux (divinités de cette tribu) à combattre des ennemis.

Iktomi l'araignée

Personnage mystérieux de l'univers lakota, cet Esprit joue des tours aux humains. Il est parfois associé au coyote. Il est le premier enfant de l'Esprit puissant Inyan (le Rocher). Il parle aux choses vivantes ou inanimées. Il change souvent de forme ou devient invisible.

Les explorateurs américains, Lewis et Clark, découvrirent ce petit rongeur en 1804. Ils le baptisèrent « chien de prairie » parce que son cri ressemblait à un jappement de chien.

Serpent et araignée sont craints et honorés.

Artistes depuis toujours

La créativité n'était pas réservée aux artistes confirmés, car l'art faisait partie de la vie courante. Il n'était pas uniquement décoratif mais devait satisfaire les besoins matériels ou spirituels de chacun. Chaque tribu développa son style et utilisa des matériaux très variés. Les traditions, la connaissance des symboles, la maîtrise des techniques se transmirent de génération en génération.

Traditions et influences

Depuis toujours, les Indiens ont développé des formes artistiques décoratives et symboliques. Chaque tribu avait son style propre facilement reconnaissable. Avec l'arrivée des techniques européennes, l'art évolua et s'enrichit.

Ces pétroglyphes représentant des motifs de mains, de zig-zags, de cercles, ont été taillés sur un rocher au Nouveau-Mexique.

Objet décoratif et protecteur

Chez les Ojibways ou les Lakotas, un filet en nerf tendu par un cercle en bois de saule était accroché au-dessus des berceaux, comparable à une toile d'araignée (animal respecté). Il s'agissait d'un « attrapeur de rêves ». L'air de la nuit passait entre ses mailles en transportant les rêves. Les bons rêves, ceux qui connaissaient le chemin, réussissaient à passer par le trou central. Les cauchemars ou les mauvais rêves, ceux qui ne savaient pas le chemin, restaient pris au piège du filet.

Des figures ou des symboles

Le style géométrique et abstrait était réservé aux femmes, le figuratif aux hommes. Ces derniers se consacraient principalement à la peinture, y ajoutant parfois des pendentifs (crinières, plumes, petits os ou griffes) très symboliques. Les décorations correspondaient à une tribu ou à une certaine période, mais la plupart étaient des créations personnelles et uniques, réalisées d'après les expériences mystiques de leurs propriétaires. Elles racontaient les exploits des guerriers et des chasseurs ou révélaient des rêves et des visions.

La répartition des techniques

Les hommes travaillaient le métal, les os, la corne, la pierre et le bois, les femmes les textiles, le tissage et la vannerie. Il y avait toutefois des exceptions : chez les Pueblos, les hommes étaient tisserands et brodaient. Les femmes pawnees dirigeaient le travail des hommes sur le bois. Chez les Navajos, les peintures sur sable étaient réalisées par les hommes ; les femmes tissaient mais en s'inspirant parfois des motifs des peintures des hommes. Dans les Plaines, hommes et femmes peignaient les peaux en utilisant des motifs différents.

Les produits locaux

Les Indiens façonnaient des perles en coquillage (ormeaux, nacre, dentallium), sculptaient dans différents bois, tissaient avec des plantes fibreuses, travaillaient l'argile en poteries et transformaient les matières animales (peau, os, dents, poils). Chaque matériau n'était pas seulement utile mais avait une valeur différente selon les traditions tribales : chez les Crows, un collier de dents de castor symbolisait le pouvoir protecteur de l'animal, car dans leur mythologie l'Esprit du castor était un émissaire des « Gens sous l'eau », réputés pour leurs pouvoirs de guérisseurs.

Des motifs très anciens

La reproduction des mains existe depuis 2000 avant J.-C. et continue à être utilisée. Sur les poteries des Pueblos ou sur leurs châles cérémoniels, on retrouve depuis longtemps les papillons symbolisant la fertilité.

Ces mains de jeunes Lakotas décorent un mur de la réserve de Pine Ridge dans le Dakota du Sud.

L'adoption des produits européens

Les produits importés par les Européens, perles de verre, textiles (coton, feutrine, rubans de soie) et métaux, permirent le développement de formes artistiques plus colorées dont on faisait étalage lors des cérémonies. Toutes les tribus adoptèrent ces éléments étrangers, mais chacune en fit un usage différent se rapportant à ses propres traditions artistiques. Les outils des Européens (couteaux, haches, ciseaux, aiguilles à coudre) modifièrent aussi le travail artistique. Dans les missions, les religieuses apprirent aux jeunes indiennes les motifs floraux.

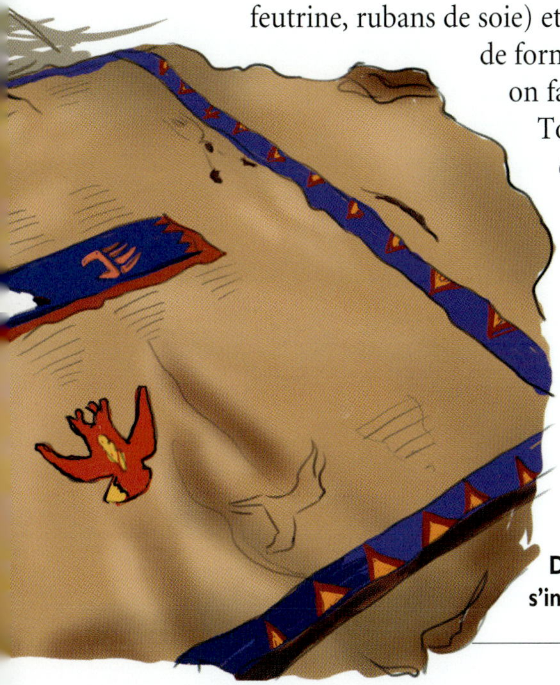

De nos jours, beaucoup de motifs peints s'inspirent encore de rêves personnels.

Positive et négative

Au début de la colonisation, l'influence européenne fut bénéfique aux arts indiens. Mais lorsque les Blancs devinrent les maîtres des États-Unis au XIXe siècle, ils s'appliquèrent à détruire les cultures indiennes. Aujourd'hui, enfin, les indiens retrouvent leurs traditions.

Apprentissage de la technique du perlage.

L'art du perlage

Avant d'avoir des perles, les Indiens utilisaient toutes sortes de matériaux naturels. Les perles de verre furent importées par les Européens, le plus souvent d'Italie. Presque toutes les tribus les utilisèrent pour décorer objets et vêtements ou confectionner des bijoux.

Société secrète d'artistes

Les piquants de porc-épic étaient utilisés aussi bien par les Iroquois que par les Lakotas ou les tribus du Sub-Arctique. Chez les Cheyennes, le travail aux piquants de porc-épic et le perlage étaient réservés aux femmes membres d'une société, ou confrérie, très fermée. Elles étaient les gardiennes des traditions et du style artistique de la tribu.

Piquants de porc-épic

Le porc-épic, lent et facile à attraper, procurait le matériau le plus utilisé pour la décoration avant l'arrivée des Blancs. Ses piquants (plus de 30 000 piquants par animal, de 6 à 10 cm de long) étaient mis à tremper pour être ramollis et lavés. Ensuite, ils étaient aplatis et teintés (avec du lichen pour le jaune, de la cochenille écrasée ou des mûres pour le rouge, et des pétales de delphinium pour le bleu) avant d'être appliqués en broderie ou enroulés autour de fins tendons.

Porc-épic.

Perles en coquillage

Les Indiens confectionnaient des perles dans des coquillages qu'ils taillaient en petites pièces régulières. Dans le Nord-Est, ils réalisaient des bandes tressées de deux couleurs, blanche et violette, appelés « wampums », avec des perles taillées dans des palourdes. Ces wampums avaient une valeur d'échange, mais aussi d'aide-mémoire car ils racontaient des histoires. En effet, contrairement aux motifs géométriques réalisés aux piquants de porc-épic, les wampums avaient des motifs figuratifs.

Sac de selle en piquants de porc-épic, aux motifs typiques des Indiens Lakotas.

Les perles en verre

Dès que les Espagnols arrivèrent dans le Sud-Ouest, ils échangèrent des produits indiens contre des perles de verre fabriquées à Venise. Rapidement, dans toute l'Amérique, les perles devinrent un élément indispensable d'échange et de commerce. Tous les Blancs qui voulaient faire du troc ou passer des accords emportaient avec eux ces perles de verres dont les Indiens étaient très demandeurs. Petit à petit, elles remplacèrent les piquants de porc-épic, difficiles à travailler.

En 1622, une fabrique de perles de verre s'installa à Jamestown, en Virginie.

Techniques de perlage

Les perles servaient à rehausser la beauté et la valeur d'un objet ; elles permettaient aussi de faire des bijoux : colliers, boucles d'oreilles, ceintures. Vêtements, étuis d'armes, mocassins, objets utilitaires, harnachements des chevaux étaient richement décorés de perles de diverses provenances. Deux techniques étaient employées : soit les perles étaient directement cousues une à une sur la peau ou le tissu, soit des bandes de motifs étaient réalisées à l'aide de petits métiers à tisser. Le perlage était une activité féminine très importante. Les femmes tiraient une véritable fierté de leurs travaux perlés.

LES ENFANTS PRÉFÉRÉS

Des vêtements finement décorés étaient parfois offerts à certains enfants pour honorer leurs parents. Les Blackfeet les appellaient « Minipoka », enfants préférés. Leurs vêtements et jouets décorés affichaient le prestige des parents.

PERLES PONEY

Les premières perles introduites étaient de grosses perles de couleur unie (bleu, blanc et noir) appelées « pony beads », parce qu'elles arrivaient chargées sur des poneys. On nommait les plus petites « seed beads », perles graines. Certaines étaient d'une seule couleur, d'autres très bariolées avec des dessins. Il y eut aussi des perles provenant de Chine et de Tchécoslovaquie.

Haut de robe perlé porté par une jeune indienne des Plaines lors d'un pow-wow.

Des bijoux à profusion

Bracelets en turquoise aux poignets d'une Indienne Navajo.

Chaque tribu fabriquait son propre style de bijoux. Les métaux, perles, coquillages et pierres servant à les réaliser s'échangeaient par le troc, mais n'avaient pas toujours la même valeur, selon les traditions artistiques des unes et des autres.

Le métal des Indiens

Bien avant l'arrivée des Blancs, dès 500 av. J.-C., les Indiens travaillaient le cuivre qui se trouvait dans plusieurs endroits, de la Virginie à l'Arizona. Des outils en fer arrivèrent de Sibérie par le détroit de Béring, transmis d'abord aux Inuits puis aux autres tribus. Les Européens apportèrent l'argent et les autres métaux, sous forme de pièces ou d'objets, échangés aux Indiens contre des peaux.

La turquoise, pierre sacrée

La turquoise était une pierre sacrée de grande valeur. Le chasseur navajo en offrait à l'Esprit de l'animal qu'il allait tuer. Dans un mythe hopi, un beau jeune homme portant des turquoises faisait partie des héros fondateurs du peuple. Chaque mine produisait des turquoises différentes qui variaient de couleur (du vert clair au bleu foncé), baptisées du nom de l'endroit : Bisbee, Candelaria, Cerillos, etc. Les turquoises provenaient du Sud-Ouest (Arizona et Nouveau-Mexique) et circulaient par la voie du troc jusqu'au Canada.

Orfèvre navajo travaillant l'argent, en 1915.

Les orfèvres navajos

Les Navajos furent initiés à l'art de l'orfèvrerie par des artisans mexicains, aux alentours des années 1860. Sur leurs bijoux en argent, ils travaillaient des motifs en incision ou en repoussé, et aussi parfois incrustaient quelques turquoises.

Incrustations de pierres

Composées de turquoise, de jais et de nacre et plus tardivement de corail, les incrustations étaient une spécialité des Zunis. La turquoise et autres pierres, soigneusement taillées en petits morceaux, se fixaient sur les supports, métal ou coquillage. Elles décoraient ainsi des bracelets, des broches, des bagues et des colliers. Alors que les Navajos préféraient laisser le plus d'argent visible, les Zunis recouvraient de pierres toute la surface de leurs bijoux.

Quelques turquoises, quelques jais et une nacre.

Les larges colliers pour hommes en os, (Hairpipes), portés par les Indiens des Plaines leur couvraient la poitrine et descendaient jusqu'à la taille.

Bijoux particuliers

Toutes les tribus avaient des bijoux qui ne se portaient qu'à certaines occasions. Ceux des hommes-médecine étaient chargés de pouvoirs magiques. Les jeunes filles, au moment de leur puberté, portaient certains bijoux lors des danses honorant le changement de leur statut de fillette à celui de femme : dans la région du Plateau, elles mettaient des bracelets de cheville avec des grelots faits en sabot de cervidés ; chez les Tsimshians, sur la côte nord-ouest, c'étaient de larges colliers en dentallium (fin coquillage conique de 5 cm de long).

Métal, plumes ou fourrure ?

Les Indiens des Plaines travaillaient peu le métal. Ils faisaient des bijoux avec des perles, mais aussi des griffes d'animaux, des plumes, des bandes de fourrure.

À l'image du morse

Les hommes inuits qui chassaient les morses se perçaient le menton aux deux extrémités des lèvres afin d'y accrocher des labrets, souvent en ivoire sculpté et faisant référence aux longues dents des morses. Ils les retiraient lorsqu'il faisait trop froid afin d'éviter que les lèvres ne gèlent.

Pour les lèvres

Dans certaines tribus de l'Arctique (Inuits, Aleuts) et du Nord-Ouest (Tlingits), hommes et femmes portaient des bijoux pour les lèvres, appelés « labrets ». Ces bijoux étaient considérés comme un élément de prestige. Le menton, juste sous la lèvre inférieure, était percé (comme pour les oreilles et le nez), afin de pouvoir y suspendre des ornementations en os, en métal ou en perles.

Cette indienne Wishram porte sur le front des pièces chinoises, acquises par le troc.

De remarquables tissages

Indienne Navajo et sa fille sur une carte postale du début du xxe siècle.

Le tissage évolua selon les rencontres entre tribus et les influences européennes. Le Sud-Ouest était célèbre pour ses couvertures. En Floride comme sur la côte nord-ouest, des formes originales de cet art devinrent de véritables chefs-d'œuvre très prisés.

Les quilts en étoile

D'influence européenne, ces quilts furent d'abord faits par les tribus lakotas qui répandirent ce style dans les Plaines. Ces couvertures montrent des motifs en forme d'étoile à huit pointes, faits de milliers de petits morceaux de tissus différents cousus à la main par plusieurs femmes.

Tisserands du Sud-Ouest

Longtemps avant l'introduction du mouton par les Espagnols, les tribus pueblos tissaient le coton indigène et autres fibres végétales. Les Navajos disent que Femme Araignée leur enseigna le tissage : le premier métier à tisser était fait avec des trames de ciel et de terre, les outils étaient des rayons de soleil, des coquillages blancs et du cristal. En fait, les Navajos apprirent la technique du tissage avec des métiers à tisser au contact des Pueblos.

Influences venues d'ailleurs

En 1863, après avoir été prisonniers des Américains pendant quatre ans, les Navajos ne possédaient plus que quelques moutons et peu de biens. Pour compenser la perte de leurs troupeaux, le gouvernement leur procura des couvertures faites au Mexique et aussi de la laine. Cette laine aux couleurs vives, teinte à base d'aniline fabriquée en Pennsylvanie, épargna aux tisserands le fastidieux travail de préparation, de filage et de teinture. Cela permit l'éclosion de nouveaux styles plus complexes, aux couleurs éclatantes, influencés aussi par les motifs mexicains.

Dans les autres tribus, comme chez les Sioux, les tissages en laine importés par les Blancs étaient décorés de perles.

Né d'une vision

Les tissages chilkats, faits à la main sans métier à tisser, représentent l'union entre la forêt, les montagnes, le cosmos et les humains. Selon la légende, une jeune femme et sa grand-mère tsimshian vivaient dans un petit village, en Colombie-Britannique. Manquant de nourriture, la jeune fille jeûna et eut la vision du tissage particulier d'un châle de danse. Elle le réalisa avec de la laine de chèvre des montagnes. Ainsi naquit le premier chilkat. Elle épousa un Tlingit d'Alaska, et ce style particulier de tissage devint typique des Tlingits.

Ce manteau tlingit était porté par des hommes de haut rang au cours des séances de potlatch. Il était fait en laine de chèvre des montagnes et fourrure de loutre.

Des rites pour tisser

Dans le passé, seules les femmes de haute classe sociale tissaient des chilkats. Elles reproduisaient des dessins peints, par des artistes masculins, sur des panneaux spéciaux représentant une moitié de l'image complète. Au début du XXe siècle, elles aussi créèrent leurs propres motifs.
Des règles encadraient la réalisation d'un chilkat : la tisserande jeûnait avant de commencer et s'isolait de son compagnon jusqu'à la fin de son travail (plusieurs mois), afin de ne subir aucune influence extérieure. Les chilkats étaient cachés tant qu'ils n'étaient pas achevés.

La vie des chilkats

Les chilkats étaient portés par des danseuses au moment des cérémonies. Ils faisaient honneur au clan tout entier. Leurs couleurs étaient symboliques : le jaune représentait la force de la vie ; le bleu l'esprit ; le noir donnait vie aux formes dessinées animales et humaines. Chaque chilkat était considéré comme un être vivant.

Aujourd'hui, les petites pièces de patchwork sont cousues à la machine à coudre, mais l'assemblage final se fait à la main entre plusieurs femmes.

De la récupération !

Le patchwork des Séminoles, en Floride, était fait de petits bouts de tissus cousus à la main pour former des bandes colorées. Les Séminoles développèrent cet art vers 1830. Ils échangeaient des peaux d'alligator contre des tissus à Miami. Mais les tissus qui finissaient par s'user étaient difficiles à changer car le voyage était long. Les parties intactes étaient alors récupérées et transformées en patchwork.

Potiers et vanniers au quotidien

Indienne de la tribu papago portant un panier sur la tête.

Poterie noire

La poterie noire pueblo existe depuis plus de 300 ans. Les Indiens Pueblos la fabriquaient à partir d'argile rouge, le tewa, contenant des oxydes ferriques. Cette argile devient rouge vif à la cuisson en atmosphère oxydée, et noire comme le jais lorsqu'elle est cuite dans un four avec un minimum d'oxygène.

Dans les régions où les tribus étaient sédentaires et dépendaient de l'agriculture, les paniers et les poteries étaient employés autant dans la vie quotidienne que lors des cérémonies. La vannerie et la poterie étaient des expressions artistiques très développées.

Le travail de la terre

Les Indiens ramassaient l'argile près des rivières, des lacs ou sur les collines près des océans. Les premières poteries servaient à stocker les récoltes de fruits ou des plantes cultivées, plutôt qu'à cuisiner, car elles étaient fragiles. Quand ils commencèrent à cuire les poteries pour les rendre plus solides, les Indiens développèrent la technique dite à « temper » : argile mélangée à une matière obtenue avec du sable fin, de la poudre de roche volcanique et des coquillages écrasés, pour travailler les pots plus facilement et prévenir les craquelures lors de leur cuisson.

Poterie trouvée dans la Mesa Verde datant de 1200-1300 ap. J.-C.

Des plantes pour des paniers

Dans chaque région poussaient des plantes aux caractères spécifiques que les Indiens vénéraient et travaillaient respectueusement pour produire des récipients de toute beauté. Ce fut dans les régions arides que la vannerie se développa le plus. Les lanières d'écorce de cèdre rouge et jaune, les racines d'épicéa, les joncs, les tiges de fougère ou celles de yucca ont été utilisées pendant des siècles pour faire des paniers tressés. La récolte était un rituel saisonnier aussi important que la quête de nourriture, qui resserrait les liens entre les individus et leur univers.

Il y avait 3 techniques de vannerie : tissée, cordée, spiralée.

Feuilles de maïs

Les Indiennes du Plateau se distinguaient dans la fabrication de vannerie à base de feuilles d'épi de maïs. Avec ces feuilles, les Iroquois, au Nord-Est, faisaient des masques cérémoniels.

Indiennes zunis transportant des pots sur la tête.

Des styles et des techniques

Chaque culture développa sa technique de vannerie (entrelacement, enroulement, tressage) et de poterie, ainsi que son propre style décoratif. Les paniers ajourés remplissaient la fonction de tamis, de sacs, de nasses pour la pêche, mais aussi de porte-bébés et de berceaux. Les poteries des tribus nomades (région des Plaines) étaient moins décorées et plus petites (à cause des déplacements fréquents) que celles des tribus sédentaires (Pueblos).

DES CHAPEAUX EN VANNERIE

La plupart des femmes de Californie portaient des chapeaux en forme de bol faits en vannerie. Cette coutume se retrouvait aussi dans certaines tribus du Plateau comme chez les femmes cayuses. Les pêcheurs nooktas avaient un chapeau typique de forme conique décoré de motifs de chasse à la baleine.

Utilisations communes

Les grands paniers comme les grandes poteries étaient indispensables pour le stockage de certains aliments récoltés, telles les noix et les graines. De grands bols en terre ou en vannerie étaient remplis d'eau dans laquelle on plongeait des pierres brûlantes pour la chauffer et faire cuire les aliments. Les pots ou paniers les plus richement décorés (peintures, plumes, coquillages) étaient exposés lors des cérémonies. Au cours des rituels funéraires, poteries et paniers étaient déposés près des morts, afin qu'ils ne soient pas démunis dans l'au-delà.

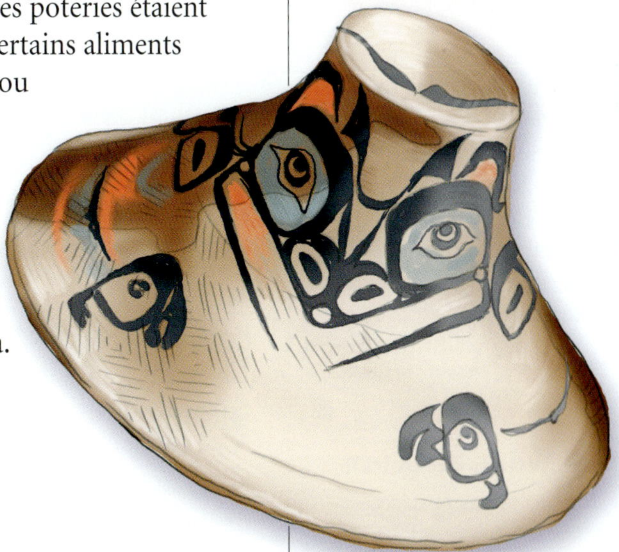

Chapeau haïda (Nord-Ouest) en racines d'épicéa tressées.

DES PANIERS EN PLUMES

Les Idiennes de Californie excellaient dans le travail du tressage de plumes tenues par des fibres végétales. Elles en faisaient des plateaux et des petits paniers à motifs très colorés.

Les maîtres de la sculpture

Selon les régions, les Indiens sculptaient le bois, la pierre, les os ou l'ivoire. Les matériaux influençaient les styles et les sculptures pouvaient être monumentales ou minuscules. Certains objets étaient entièrement taillés, d'autres étaient décorés de motifs incisés.

Le totem, un art typique du Nord-Ouest

Devant les maisons se dressaient parfois de hauts mâts lisses avec des figures posées sur leurs sommets. D'autres troncs immenses étaient couverts de sculptures figuratives. Il s'agissait le plus souvent de tuyas géants résistant bien à l'humidité. Ces totems commémoraient des événements importants ou rendaient hommage aux familles nobles ; ils servaient aussi de colonnes pour encadrer l'entrée des maisons. Tous comportaient des blasons se rapportant à une famille ou à un clan, tel celui du Corbeau.

Robert Davidson, appelé aussi Eagle of the Dawn (Aigle de l'Aurore), peintre sculpteur haïda né en 1946, travaille dans son atelier à White-Rock en Colombie-Britannique.

Petits porte-bonheur

Les Inuits sculptaient de jolies amulettes en bois, en ivoire ou en os, qu'ils plaçaient comme porte-bonheur dans les kayaks et les oumiaks, leurs embarcations ouvertes. Des visages d'animaux décoraient non seulement les leviers de harpons mais aussi les boucles d'oreilles et les pendentifs des pêcheurs. Les images magiques façonnées sur les boîtes à outils ou à stockage devaient protéger le chasseur et honorer la proie.

L'ivoire de la mer

L'ivoire des épaulards et des autres espèces à dents, comme les cachalots, était ramassé quand ces animaux s'échouaient sur la plage. Il pouvait aussi provenir des grandes canines d'ours noirs ou de grizzlys.

Petits masques de doigts

En Alaska, lors de certaines cérémonies, les femmes dansaient avec de petits masques aux doigts, portés comme de grosses bagues, généralement en bois sculpté garni de plumes et de bandes de fourrure.

Prétendant avoir créé le monde, Faux Visage défia le Créateur et, dans la bataille qu'il perdit, se cassa le nez contre une montagne.

Les visages tordus iroquois

Des masques sculptés en bois et décorés d'éléments divers (plumes, ivoire) étaient utilisés lors de cérémonies principalement dans le Nord-Est, l'Arctique et le Nord-Ouest. Les masques iroquois se caractérisaient par des traits tordus, de longs cheveux hirsutes faits en crins d'animaux, et des yeux très enfoncés. Ainsi les « faux-visages », portés lors de cérémonies de guérison, avaient un nez cassé et la bouche tordue.

Métamorphose des animaux

En Alaska et dans le Nord-Ouest, les masques étaient portés par des chamanes lorsqu'ils racontaient leurs voyages dans le monde surnaturel pour établir des relations entre les humains et les Esprits. Ils représentaient les Esprits du Nord, du vent, des phoques, des castors, des renards ou même des palourdes. Certains de ces masques se portaient sur le front, d'autres étaient si lourds et si difficiles à manier qu'il fallait les suspendre devant.

Masque de cérémonie haïda, datant du XIXe siècle, en hommage aux ancêtres.

Sculptures en corne

Le travail ingénieux sur les cornes de chèvre de montagne ou de mouflon était répandu sur toute la côte nord-ouest. Les longues cornes étaient chauffées à la vapeur ou bouillies pour les attendrir. Ceci permettait de les ouvrir et de les rendre deux fois plus larges. À partir de là, les artistes confectionnaient des bols ou des cuillères. Les manches étaient richement sculptés au modèle des totems.

Pipe de bateau haïda en argilite.

UNE STATUE QUI PARLE

Lors des potlatcht, les Kwakiutls accueillaient leurs invités en dressant une statue d'orateur à l'endroit prévu pour l'accostage des canoës, à l'entrée d'une maison ou à l'intérieur. Une personne se tenait derrière la statue et prononçait le discours de bienvenue.

LES ESPRITS SCULPTÉS

Les Inuits sculptaient des figurines en ivoire, appelées « tupilaks ». Elles représentaient des Esprits sous la forme de personnages bizarres et terrifiants. Les hommes pueblos, eux, sculptaient des kachinas en bois, de petites poupées sacrées, pour les femmes et les enfants.

Les envahisseurs

La colonisation par les Européens commença dès la fin du XVIe siècle ; elle fut menée principalement par l'Espagne, la France et l'Angleterre. À mesure qu'elle progressa, les relations avec les Indiens devinrent de plus en plus tendues et le vol de leurs terres les poussa sur le chemin de la guerre. Les maladies importées d'Europe décimèrent les tribus de façon encore plus meurtrière.

Les conquistadores espagnols

Christophe Colomb arriva le 12 octobre 1492 à San Salvador, une île des Bahamas. Mais la conquête de l'Amérique du Nord débuta en 1519 par d'importantes explorations espagnoles menés par des seigneurs – les conquistadores –, des soldats et des prêtres.

Sur cette céramique murale, Christophe Colomb présente des Indiens à la reine d'Espagne.

Les maîtres de la conquête

La conquête espagnole se concentra dans les régions de la Floride et du Sud-Ouest, avec quelques tentatives avortées dans la région des Plaines et de la côte nord-ouest. Les conquistadores ne respectaient pas les Indiens ; ils estimaient qu'ils n'étaient là que pour subvenir à leurs besoins et les aider à trouver les richesses, tel l'or, qu'ils cherchaient. Les soldats en armure de fer, montés sur des chevaux caparaçonnés, semèrent la terreur. Ils pillaient, enlevaient des hommes et des femmes, tuaient cruellement ceux qui se révoltaient.

Les premiers explorateurs

Mandaté par le roi Charles Quint, Juan Ponce de León débarqua en Floride sur la terre des Indiens Cayuses le 2 avril 1519. Parmi les grands conquistadores de la première moitié du XVIe siècle figurent Lucas Vásquez de Ayllon (en 1526), Panfilo de Nárvaez et Alvar Núñez Cabeza de Vaca (entre 1527 et 1536). Hernán Cortés atteignit la Basse-Californie en 1536. De 1539 à 1543, Hernando de Soto explora le Sud-Est et Coronado, de 1540 à 1542, le Sud-Ouest. Les rapports de ces expéditions incitèrent à la colonisation.

Pour les Indiens, les conquistadores étaient des barbares.

Le droit de coloniser

Les rois catholiques d'Espagne interrogèrent leurs vassaux et la papauté sur leur droit de coloniser l'Amérique. Le pape Alexandre VI Borgia nomma alors Ferdinand et Isabelle « maîtres des terres et continents découverts et à découvrir, avec pleine, libre et absolue autorité et juridiction ». Les seigneurs qui s'installaient dans les colonies en conclurent qu'ils étaient propriétaires du Nouveau Monde avec le plein pouvoir d'exploiter les Indiens.

LA PLUS ANCIENNE COLONIE

La colonie de Saint-Augustine, en Floride, fondée en 1565 par l'explorateur Pedro Menéndez de Avilés, est la plus ancienne colonie européenne permanente établie sur le territoire actuel des États-Unis.

LE GRAND DESSEIN DE CHRISTOPHE COLOMB

L'Italien Christophe Colomb, né à Gènes vers 1451, avait comme projet de découvrir une voie maritime menant en Asie. Les souverains espagnols, Ferdinand et Isabelle, l'aidèrent à affréter trois navires : la *Santa Maria*, la *Pinta* et la *Nina*. Le nom « Indien » fut donné par Christophe Colomb qui crut découvrir en 1492, les îles du sud-est asiatique connues en Europe sous le nom d'Indes de l'Est. Celui d'« Amérique » vient d'Amerigo Vespucci, navigateur italien. Il avait aidé Christophe Colomb, avant de partir à son tour et de découvrir le littoral du Brésil.

Christophe Colomb peint par Louis Figuier, en 1881.

La *Pinta*.

La *Santa Maria*.

La *Nina*.

La colonisation espagnole

Sur la gravure ci-dessus, datant de 1594, les Indiens se défendent en attaquant les Espagnols en masse.

San Juan Pueblo au Nouveau-Mexique.

Après le temps des conquêtes, vint celui de la colonisation, car ces nouvelles terres regorgeaient de richesses. La politique coloniale espagnole appliquée en Amérique du Nord reposa sur une exploitation économique incessante avec pour main-d'œuvre forcée les Indiens.

Installation des colonies espagnoles

Les premières colonies européennes permanentes furent Saint-Agustine en Floride en 1565, et en 1598 San Juan Pueblo, au Nouveau-Mexique, conquis dans la violence par Juan de Oñate et ses soldats. Les prisonniers âgés de plus de 12 ans furent condamnés à vingt ans d'esclavage ; les fillettes de moins de 12 ans furent distribuées à des familles de colons. La présence espagnole s'affirma à travers des missions de jésuites qui imposaient leur foi aux Indiens et quelques forts militaires qui les obligeaient à payer un tribut les appauvrissant.

Une exploitation tyrannique

La reine, Isabelle la Catholique (1451-1504), voulut interdire l'esclavage « sauvage » dès juin 1495. En 1503, elle instaura le régime de l'*encomienda* : les terres furent distribuées aux colons et des Indiens leur furent « attribués » pour les travailler. En échange des terres offertes, les nouveaux maîtres devaient apprendre à « leurs Indiens » les préceptes de la foi chrétienne. Ce système qui justifiait moralement, au nom du dieu chrétien, l'exploitation abusive des Indiens, s'étendit à l'ensemble des territoires conquis par les Espagnols.

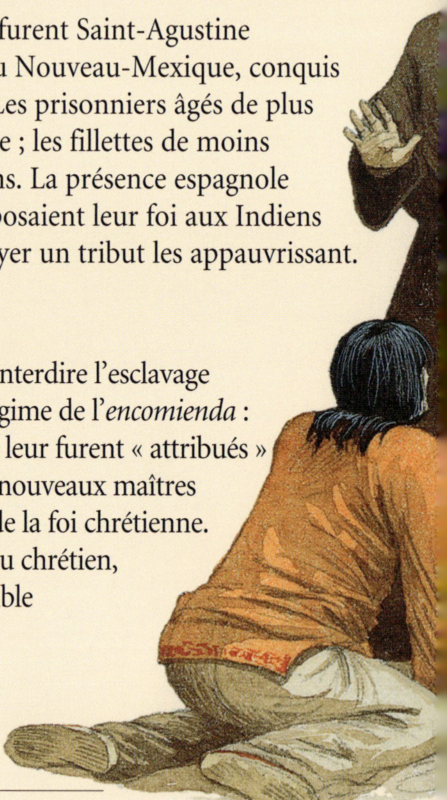

Isabelle la Catholique était mariée au roi Ferdinand II d'Aragon.

Des révoltes des Indiens

Face aux conquistadores mieux armés qu'eux, les Indiens du Sud-Ouest préféraient se cacher dans les montagnes. Parfois, ils tendaient des embuscades et les Espagnols répondaient en rasant les villages, massacrant les populations et réduisant les survivants en esclavage. Les Apaches se révoltèrent en 1676, puis les Pueblos en 1680. Ils chassèrent les colons et détruisirent tous leurs établissements. Mais les Espagnols, menés par Diego de Vargas Zapata, revinrent en 1692. En 1696, ils avaient reconquis toute la région.

Le drame de la colonisation

Le drame qui suivit l'arrivée des Espagnols fut double pour les Indiens : en premier lieu, les microbes et les virus européens, contre lequels les Indiens n'étaient pas immunisés, déclenchèrent des épidémies qui les décimèrent. Puis le choc culturel (les Indiens durent renier leurs croyances et coutumes ancestrales) associé au comportement brutal des Espagnols accentuèrent l'affaiblissement de la résistance indienne, pourtant supérieure en nombre. Les Indiens devinrent des opprimés sur leurs propres terres.

Le partage des colonies

Les colonies espagnoles qui recouvraient l'actuel Mexique mais aussi la plupart des terres du sud-ouest des États-Unis furent baptisées Nouvelle-Espagne. En 1821, suite à la révolte des puissants dans ces territoires, l'Espagne perdit le Mexique (comprenant alors le Nouveau-Mexique) qui devint indépendant. La France, l'Angleterre et les États-Unis se disputèrent tour à tour le contrôle des lieux. La dernière colonie espagnole fut cédée aux États-Unis lors du traité de Guadalupe-Hidalgo le 2 février 1848.

Les Indiens ne furent pas de bons esclaves, ils refusaient de fournir le travail demandé.

ENFANTS MÉTIS

Les Espagnols, nobles ou simples soldats, eurent des concubines indiennes ; mais leurs enfants, les métis, n'avaient pas le droit d'occuper une fonction importante.

Les colonies françaises au Canada

Les Indiens apprirent à se méfier de ces étrangers qu'ils avaient aidés et reçus pacifiquement chez eux.

Les Français eurent généralement de bonnes relations avec les Indiens, essayant de se mélanger à eux, de faire du commerce. Souvent, ils épousèrent des Indiennes.

Les découvreurs au Canada

Jacques Cartier explora au nom du roi François Ier les côtes maritimes du Canada et découvrit le fleuve Saint-Laurent qu'il remonta en 1534. Lors de son voyage, il rencontra des Indiens Micmacs et Hurons, dont le chef Donnacona. Retournant en France, Cartier emmena les deux fils du chef, Domagaya et Taignoagny, en promettant des les ramener. En échange, il laissa deux jeunes Français avec les Indiens. Lorsqu'il revint au Canada (1535-1536), les deux Indiens embarquèrent avec lui sur la nef baptisée la *Grande Hermine* et retrouvèrent leur père, sains et saufs. Les jeunes Français, eux, avaient appris la langue et les coutumes indiennes.

Les captifs de Cartier

Près de Québec, Cartier invita en mai 1536, le chef Donnacona, ses deux fils et d'autres dirigeants hurons, à visiter son bateau. Puis il prit la mer en les kidnappant, leur promettant qu'en France le roi François Ier les comblerait de cadeaux. Avant son retour au Canada, six ans plus tard, les Indiens qu'il avait capturés étaient morts de maladie en France, à l'exception de la fillette d'un chef.

Jaques Cartier naquit en 1491 et mourut en 1557.

LES SOUFFRANCES DES COLONISÉS

Vers 1630, la population indienne au Canada était estimée à 250 000 âmes. En 1820, ils n'étaient plus que 150 000. Cela était dû aux épidémies et à la guerre. Au XIXe siècle, la maladie continua à faire des ravages, mais la famine se manifesta aussi dans les régions où les colonies européennes détruisaient les modes de subsistance des Indiens.

Colonies au Canada

Plusieurs tentatives d'installer, entre 1598 et 1607, des colonies françaises au Canada (sur l'île de Sable, à Tadoussac, à Port-Royal) échouèrent. Puis en 1608, soutenu par le roi Henry IV, Samuel de Champlain fonda Québec avec seulement 28 personnes. Le peuplement de cette colonie fut lent et en 1640, 359 français y vivaient. La colonisation se fit autour de la vallée du fleuve Saint-Laurent, et au XVIIIe siècle, la population française atteignait environ 44 000 habitants.

La malédiction des armes à feu

Champlain fit alliance avec les Indiens Hurons, Algonquins, Micmacs et Montagnais contre leurs ennemis, la puissante confédération iroquoise. Les armes à feu européennes rendirent la guerre plus meurtrière. Vers 1650, les Iroquois (armés par les Anglais, ennemis des Français) avaient presque détruit toutes les tribus huronnes, moins puissantes que la confédération iroquoise, et auxquelles les Français ne donnaient que peu d'armes à feu.

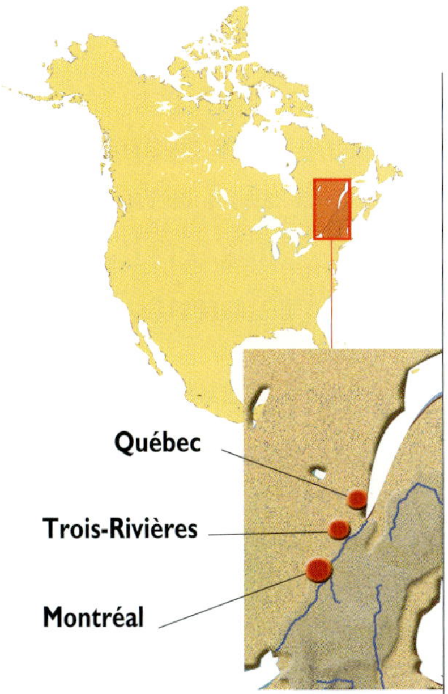

Au XVIIIe siècle, Québec, Trois-Rivières et Montréal étaient les principales villes bâties au Canada, le long du fleuve Saint-Laurent.

Colonies perdues

La France perdit presque toutes ses colonies américaines, à l'exception des îles Saint-Pierre-et-Miquelon (au large des côtes canadiennes), après la guerre de Sept Ans et finit par vendre la Louisiane aux États-Unis en 1803.

La guerre de Sept Ans (1756–1763)

Cette guerre (la Prusse et l'Angleterre opposées à l'Autriche, alliée à la France, la Russie, l'Espagne et la Suède) se déroula en Europe et dans les colonies. Elle se termina par la victoire anglo-prussienne.

Samuel de Champlain.

Défaite iroquoise pendant la guerre contre les Algonquins en 1609.

La Nouvelle-France

La Nouvelle-France au XVIIIe siècle.

Les Français s'installèrent principalement au Canada. Aux États-Unis, ils s'approprièrent des territoires qu'ils n'occupèrent jamais vraiment à l'exception de la Louisiane.

La Nouvelle-France

La Nouvelle-France désignait l'ensemble des territoires de l'Amérique du Nord sous administration française, avant 1763. Au moment de son apogée, vers 1700, la Nouvelle-France comprenait cinq colonies possédant chacune une administration propre : le Canada, l'Acadie, la baie d'Hudson, Terre-Neuve, la Louisiane. La frontière occidentale de ces colonies s'ouvrait sur l'ouest du continent, sans frontière précise. Au milieu du XVIIIe siècle, les Français avaient exploré des terres allant jusqu'au pied des Montagnes Rocheuses sans s'y installer.

Quand la Louisiane était française

Le jésuite Jacques Marquette et l'explorateur Louis Joliet furent les premiers Européens à sillonner le fleuve Mississippi, en 1673. Alors qu'il l'explorait en 1682, René Robert Cavelier de La Salle déclara que toute son immense vallée, dont il ignorait les limites, appartenait à la France et la nomma Louisiane, en l'honneur du roi Louis XIV. Cela correspondait à une vaste région du sud des États-Unis qui comprenait une bonne partie des États actuels de l'ouest américain.

Jacques Marquette et Louis Joliet voyageant en canoë avec des Indiens, sur le fleuve Mississipi, en 1672.

LA PREMIÈRE COLONIE FRANÇAISE

Pierre Le Moyne d'Iberville fonda au Mississippi, en 1699, la première colonie française en Louisiane qu'il appela Biloxi, du nom de la petite tribu locale.

Les Indiens et les Français de Louisiane

Les Chitimachas représentaient une des tribus puissantes de la Louisiane. En 1706, ils se révoltèrent contre les Français qui refusaient de reconnaître leurs droits territoriaux et qui voulaient occuper leur terre. En 1718, les Chitimachas furent vaincus et les prisonniers devinrent des esclaves au service des Français de Louisiane. Mais hormis ce conflit, les rapports entre Français et Indiens étaient généralement amicaux.

Guerriers de Louisiane sur la trace de l'ennemi, sur une gravure datant de 1811.

En Louisiane

De nombreuses tribus classées en groupes linguistiques distincts comme les Chitimachas et les Atakpas (tunican), les Houmas, les Chickasaws et les Washoes (muskhogien), les Adais et les Natchitoches (caddoan) vivaient en Louisiane.

Une immigration lente

René Goulaine de Laudonnière fonda la première colonie permanente en Caroline (1564, Fort Caroline) qui comptait 250 hommes, femmes et enfants. Elle fut dissoute en 1565 par les Espagnols, maîtres de la Floride, et les Français rentrèrent en France. Les colons bâtirent des forts militaires autour desquels ils se regroupaient ; ces forts devinrent des villes.

Acadie et Cajuns

L'Acadie fondée en 1605 regroupait les provinces maritimes canadiennes, une partie de ce qui est aujourd'hui la Nouvelle-Écosse, et descendait jusqu'à Philadelphie. Les premiers « Acadiens » venaient principalement de la région de Pleumartin et Poitiers. Entre 1763 et 1767, l'Acadie étant devenue anglaise, quelque 1 500 Acadiens s'exilèrent et s'installèrent le long du fleuve Mississippi en Louisiane, territoire alors français. On les appelait « Cajuns », déformation d'Acadiens. Ce nom leur est resté.

Plan de Fort Caroline en 1591.

Les Anglais en Amérique

Le débarquement des pèlerins à Plymouth, le 22 décembre 1620.

À la fin du XVe et au cours du XVIe siècle, l'Angleterre développa son commerce en créant en Amérique des colonies qu'elle plaçait sous le contrôle de la couronne. Les colons s'installèrent sur la terre des Indiens grâce à des accords commerciaux, des traités de paix, et le plus souvent de force en leur faisant la guerre.

Les explorateurs de la couronne britannique

En 1497, le navigateur italien Jean Cabot, mandaté par le roi d'Angleterre, parvint à Terre-Neuve. À la suite de ce voyage, les Anglais revendiquèrent des territoires en Amérique du Nord. En 1584, Walter Raleigh, Philip Amadas et Arthur Barlow mirent pied sur l'île de Roanoke et baptisèrent la région Virginie, en hommage à Élisabeth Ire d'Angleterre surnommée « la Reine Vierge ». Lors de son voyage entre 1577 et 1580, Francis Drake longeant la baie de San Francisco déclara que la région était anglaise, mais elle ne fut pas colonisée. En 1609, Henry Hudson explora les côtes du nord et donna son nom à la rivière Hudson et sa baie, l'offrant à la couronne britannique avant qu'elle ne tombe aux mains des Français.

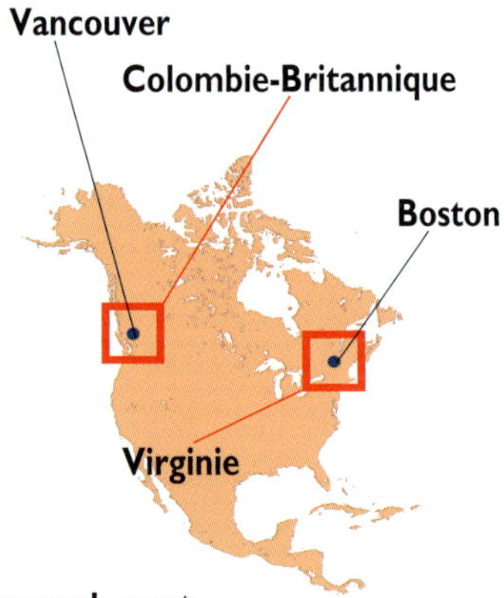

Au nord-ouest, sur la côte pacifique, les Anglais fondèrent la colonie de Vancouver en 1849 et celle de Colombie-Britannique en 1846 (toutes 2 au Canada).

SQUANTO

En 1621, Massasoit, le grand sachem des Wampanoags, offrit aux pèlerins nouvellement arrivés à Plymouth, les services d'un de ses hommes, Squanto. En 1614, Squanto avait été emmené de force en Angleterre ; il revint chez lui en 1619. Il apprit aux pèlerins à planter le maïs, à reconnaître les plantes comestibles. Il leur servit de guide, d'interprète et de médiateur.

Premières colonies

Les Anglais établirent des colonies tout au long de la côte est jusqu'en Floride. La première fut à Jamestown, en Virginie, en 1607 sur la terre des Powhatans. En 1620, une centaine de « pèlerins » (des puritains anglais qui fuyaient les persécutions de l'Église établie) débarquèrent du *Mayflower* dans les environs de Boston. Cela marqua le début « officiel » de la colonisation anglaise. Au nord de cette côte, une compagnie commerciale contrôla tout le bassin de la rivière Hudson et s'y implanta dès 1670.

EN SOUVENIR DE L'AIDE DES INDIENS

Thanksgiving est une fête de reconnaissance envers l'aide que les Indiens apportèrent aux pèlerins, les sauvant de la famine. À l'occasion de *Thanksgiving* – chaque 4e jeudi de novembre –, un grand festin est organisé avec pour plat principal une dinde farcie.

Le premier *thanksgiving* imaginé par un artiste de la fin du XIXe siècle.

Les combattants powhatans

En Virginie, les Indiens Powhatans eurent au XVIIe siècle deux grands chefs : Wahunsunacock (père de Pocahontas) et Opechancanough son demi-frère qui lui succéda. Lorsque les premiers colons arrivèrent pour fonder Jamestown en 1607, Wahunsunacock eut pitié d'eux et les aida à survivre dans ce pays inconnu aux hivers rigoureux. Mais les Anglais furent de plus en plus exigeants et accaparèrent les champs cultivés et les terrains de chasse des Powhatans pour planter et exporter en Angleterre une plante indigène : le tabac.

UNE RÉSISTANCE DÉSESPÉRÉE

Opechancanough prit la tête de la résistance indienne de 1622 à 1644, mais les Anglais menèrent des campagnes d'extermination brutales et finirent par les chasser de leur territoire.

Île de Manhattan au XVIe siècle avant l'arrivée des Hollandais, présentée sur une carte postale de 1910.

NEW YORK, NEW YORK

En 1626, le Wallon Pierre Minuit « acheta » l'île de Manhattan aux Indiens Manhattans, en échange de verroterie et autres colifichets, pour l'équivalent de 24 dollars. Il commença l'année suivante la construction de ce qui allait devenir New York.

George Washington.

La naissance des États-Unis

Les colonies du Sud (Maryland, Virginie…) furent dominées par une société de planteurs, celles du Nord, appelées Nouvelle-Angleterre (Connecticut, Massachusetts…) par des bourgeois et des marchands puritains. Au milieu du XVIIIe siècle, les colonies anglaises prospères réclamèrent leur indépendance.

La route vers l'indépendance

À la fin du XVIIe siècle, les immigrants affluèrent en Nouvelle-Angleterre et fondèrent des colonies anglaises avec chacune leur gouvernement particulier. Peu à peu, elles se révoltèrent contre le monopole commercial de Londres. En 1763, un groupe de « patriotes », menés par Samuel Adams, exigea la suppression de toutes les taxes. En 1774, les colonies décidèrent de boycotter l'administration anglaise. La guerre d'Indépendance éclata et dura de 1775 à 1782.

Une aide française

Pendant la guerre d'Indépendance, la France aida l'armée américaine menée par George Washington, en envoyant des volontaires (La Fayette) et une troupe de 6 000 soldats commandés par Rochambeau.

Les Indiens dans la guerre des Blancs

Les Indiens furent mêlés malgré eux à ce conflit entre les envahisseurs et leur gouvernement en Angleterre. Les Iroquois refusèrent d'abord de prendre parti. Pressés par les deux camps (insurgés contre les Britanniques), ils finirent par entrer en guerre, mais se divisèrent. Sénécas, Mohawks, Cayugas et Onondagas choisirent le camp anglais, Oneidas et Tuscaroras le camp américain. L'union puissante des six nations iroquoises fut brisée. Les Indiens du Sud-Est (Cherokees, Creeks, Choctaws, Chickasaws) s'allièrent à la couronne.

Pendant la guerre de l'Indépendance, George Washington traversant le fleuve Delaware en décembre 1776.

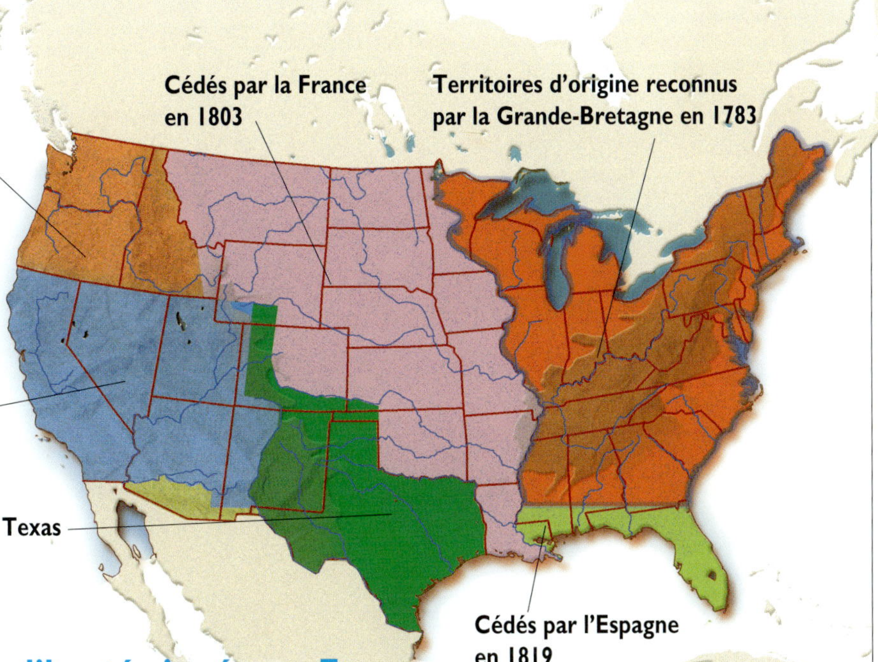

Le développement des États-Unis après la guerre d'Indépendance.

Les autres colonies européennes

D'autres pays européens (Portugal, Écosse, Hollande) installèrent quelques colonies en Amérique, mais sans y rester longtemps. Les Russes colonisèrent l'Alaska de 1784 à 1867.

Jour de l'Indépendance

Le 4 juillet 1776 marque la naissance des États-Unis, car ce jour-là, la Constitution américaine (rédigée par Thomas Jefferson) est officiellement adoptée par le Congrès. Il fut commémoré pour la première fois à Philadelphie. En 1941, le Congrès instaura le 4 juillet fête nationale.

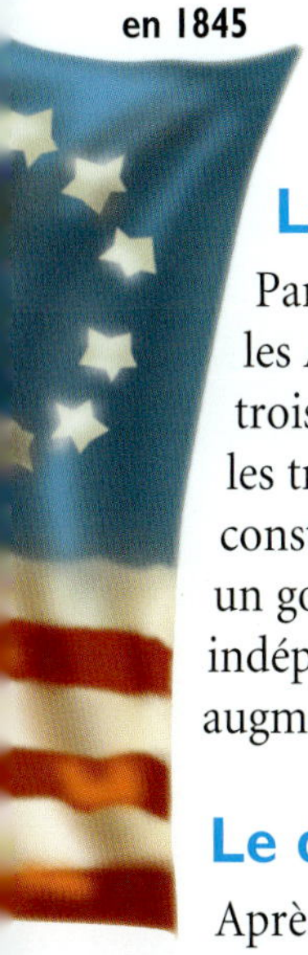

La liberté signée en France

Par le traité de Versailles (le gouvernement français avait aidé les Américains) signé en septembre 1783 en France entre trois représentants des colonies américaines et un représentant anglais, les treize anciennes colonies anglaises désormais indépendantes constituèrent les États-Unis d'Amérique. En 1789, la Constitution instaura un gouvernement central pour les affaires communes et une large indépendance pour chaque colonie devenue un État américain ; leur nombre augmenta à mesure que les colons arrivaient et envahissaient l'Amérique.

Le destructeur de villages

Après leur victoire, les Américains estimaient que les Indiens, quel que fut le camp qu'ils avaient choisi durant le conflit, devaient se soumettre. Ces derniers se considéraient indépendants et souverains sur leurs territoires. De 1789 à 1797, George Washington devint premier président des USA. Les Indiens Sénécas l'appelaient « le destructeur de villages ». Durant son mandat présidentiel, la guerre qu'il fit aux Indiens résistants absorba 80 % du budget du gouvernement.

Boston Tea Party

Le 16 décembre 1773, des patriotes déguisés en Indiens Mohawks (les Indiens symbolisaient la liberté) jetèrent dans la mer du port de Boston des chargements de thé pour protester contre les taxes qu'ils devaient payer au gouvernement anglais pour ce produit.

Les relations avec les Blancs

Au début, les rapports entre les Blancs et les Indiens étaient plutôt amicaux. Mais les colonies européennes grandissantes finirent par menacer les tribus. Les échanges commerciaux, le choc des croyances religieuses, l'arrivée de nouvelles technologies et de maladies inconnues modifièrent le mode de vie des Indiens. Et les conflits pour la terre se firent de plus en plus violents.

Des missionnaires chez les Indiens

Prêts à tout !

Les missionnaires étaient des prêtres ou des pasteurs qui parcouraient le monde pour enseigner leur religion. Forts de leurs croyances, ils utilisaient malheureusement souvent la contrainte et la violence. Pour prêcher et convertir les Indiens, ils n'hésitaient pas à apprendre leur langue.

Ce furent des missionnaires qui établirent les bases des relations entre les Européens et les Indiens. Le désir de convertir les Indiens aux religions chrétiennes fut constamment présent dans la conquête coloniale. Cela devint une arme pour détruire leur culture.

Les hommes de Dieu

Les missionnaires arrivèrent chez les Indiens, dont ils ignoraient tout, avec l'intention de les transformer en bons chrétiens. Ils les obligèrent à renier leurs croyances. Les protestants britanniques s'occupèrent du Nord-Est ; les catholiques franciscains espagnols s'installèrent dans le Sud-Ouest ; et les jésuites français (que les Indiens appelaient « Robes Noires ») au Canada.

Missionnaires en train de superviser la construction d'une mission.

L'âme des Indiens

Les premiers colonisateurs espagnols se permirent d'asservir les Indiens en disant qu'ils n'avaient pas d'âme. Ce fut le pape Paul III qui proclama, en 1537, que les Indiens étaient des hommes véritables, avec une âme, et qu'ils devaient être traités comme tels.

Les Robes Noires et les nomades

Les tribus nomades refusaient de vivre autour d'une mission. Les jésuites décidèrent donc, dès 1641, d'aller prêcher leur foi en s'installant dans les villages isolés. Le prêtre vivait souvent seul parmi les Indiens. Les Robes Noires terrorisaient les Indiens en leur décrivant l'enfer, mais leur promettaient d'y échapper s'ils se convertissaient. Les jésuites tentèrent en vain de fonder des pensionnats : les parents refusaient de se séparer de leurs enfants pour les confier à ces Robes Noires aux coutumes étranges.

Les franciscains dans le Sud-Ouest

Le gouvernement espagnol envoya des missionnaires pour former les Indiens à devenir aussi de bons ouvriers au service de l'Espagne. Chez les Pueblos, les franciscains bâtirent, dès 1630, des douzaines de missions. La Californie (tribus Chumash, Costanoan, Salina…) fut colonisée à partir de 1769 par des franciscains. Avec les prêtres, les Indiens découvrirent des techniques nouvelles (la maçonnerie, la ferronnerie). Ils développèrent aussi le travail du cuir et du tissage de la laine.

La vie dans les missions du Sud-Ouest

Dès que les Indiens étaient baptisés, ils s'installaient dans la mission qui formait un village, entouré de champs cultivés et de prairies pour le bétail. Ils devaient apprendre l'espagnol. La vie y était très stricte et ceux qui désobéissaient étaient sévèrement punis, parfois par des coups de fouet. Les garçons vivaient dans des bâtiments séparés des filles et leurs rapports étaient très surveillés. Seuls les couples mariés chrétiennement pouvaient vivre ensemble.

Le défenseur des Indiens

Bartolomé de Las Casas (1474-1566), prêtre dominicain espagnol, installé à Haïti dès 1502, se révolta contre la tyrannie que les colons faisaient subir aux Indiens. Il se rendit en Espagne et plaida leur cause auprès du roi Charles Quint en 1550. Il fut le premier à vouloir les libérer de leur statut d'esclaves.

Se convertir pour guérir

Beaucoup d'Indiens se convertirent parce qu'ils espéraient que la religion des étrangers les sauverait des maladies qui les décimaient. Pourtant, ces maladies, telles la variole et la rougeole, étaient importées par les Blancs.

Les missions comprenaient en général une église, une école, des bâtiments communaux, la maison du prêtre, des ateliers, des granges et des étables.

La traite de la fourrure

Le rendez-vous annuel des trappeurs et des Indiens à Rocky Moutain dans le Nebraska.

Pour sauver les castors

Dans la région du Nord-Est, vers 1790, les Indiens (Crees et Ojibways du Nord) prirent des mesures pour protéger les castors menacés d'extinction. Ils délimitèrent des territoires de chasse en alternance tous les 2 à 3 ans. Cette rotation permettait aux castors de se repeupler.

Les Indiens qui ignoraient la technologie du travail du fer ont très vite désiré obtenir des objets de métal et autres produits européens. Pour cela, ils devinrent partenaires des Européens dans le commerce des fourrures et l'exploration des terres.

Un commerce florissant

Au début du XVIe siècle, les chapeaux en peau de castor étaient à la mode en Europe. En peu de temps, les castors européens furent décimés par un excès de chasse. Dès lors, la traite des fourrures de castors américains constitua la principale source de revenus des colonies anglaises et françaises. De grandes compagnies (dont la Compagnie de la Baie d'Hudson) se développèrent. Les Indiens fournissaient l'expertise et la main-d'œuvre tandis que des Blancs, les « coureurs des bois », à la fois chasseurs et prospecteurs, étaient les intermédiaires. Puis, les fourrures partaient vers les tanneries en Europe. Ce commerce dura jusque dans les années 1870.

Pêcheurs du grand large

Au large de Terre-Neuve, dès 1504, des Normands pêchèrent et rapportèrent du poisson en France ; ils furent suivis de près par les Bretons et par les Basques (pêcheurs de baleines). Il est probable qu'ils se livraient de façon occasionnelle à la traite des fourrures avec les Micmacs de l'île du Cap-Breton, avant les années 1520.

Tableau datant du XVIIIe siècle, représentant des trappeurs qui commercent avec des Indiens du Canada.

L'aide des Indiens

Les Indiens montrèrent aux Européens comment construire des canots pour le transport des peaux et leur indiquèrent les meilleurs itinéraires. Sans leur aide, de nombreux Blancs auraient péri. Les Indiens leur offrirent de la nourriture et leur expliquèrent comment se soigner, par exemple du scorbut, en faisant bouillir de l'écorce de cèdre. Les Indiens et les Inuits enseignèrent aux trappeurs blancs comment vivre dans le climat très froid des longs hivers. Les femmes leur firent des mitaines et des jambières. Les hommes leur apprirent à utiliser les raquettes et les traîneaux, seules façons de voyager sur la neige.

Le prix de la collaboration

La compétition dans la traite des fourrures entre Français et Anglais contribua à déclencher des conflits entre les tribus indiennes, car certaines s'allièrent aux Français (Les Hurons), d'autres aux Anglais (les Iroquois). Au milieu du XVIIe siècle, les Iroquois avaient vaincu leurs principaux rivaux – les Hurons – et devenaient la plus puissante nation. Les trappeurs blancs se déplaçant à travers le continent introduisirent des maladies européennes, telle la variole. Ces maladies décimèrent jusqu'à 75 % des peuples indiens.

Les femmes et les peaux

Le travail de préparation des fourrures pour le transport était confié aux femmes indiennes. Cela leur demandait beaucoup de travail ; au point qu'elles se mirent à délaisser leurs occupations habituelles pour s'occuper des peaux ramenées par les hommes.

Ces 2 trappeurs capturèrent 52 renards durant le mois d'octobre 1939.

Chasseurs ou exterminateurs

Les chasseurs et les trappeurs se déplaçaient d'un endroit à l'autre, exterminant pratiquement tous les animaux dont la fourrure pouvait se vendre. Le castor nord-américain et le bison furent presque définitivement exterminés au cours du XIXe siècle.

Des conflits pour la terre

De dangereux sauvages

Les Indiens qui refusaient le pillage et la destruction de leur terre, prêts à mourir pour la défendre, étaient traités de « dangereux sauvages » et méritaient ainsi, pour les Blancs, d'être vaincus par la force.

Les paroles d'un chef

En 1806, Tecumseh, un chef de la tribu shawnee, disait en parlant de l'attitude des colons qu'il n'acceptait pas : « Vendre un pays ? Et pourquoi ne négocierait-on pas l'air ou la vaste mer au même titre que la terre ? » Il disait aussi que les Indiens devaient s'unir pour réclamer un droit commun sur cette terre.

La terre devint un enjeu entre les Blancs et les Indiens. Face aux Blancs qui voulaient devenir propriétaires, les Indiens ne comprenaient pas comment la terre, sacrée pour eux, pouvait être divisée et appartenir à quelqu'un.

Deux mondes différents

Lorsque les premiers Blancs mirent pied en Amérique, il y avait tant d'espace qu'il semblait possible de cohabiter avec les Indiens. Ceux-ci ne perçurent pas le danger : ils se savaient chez eux et estimaient que les nouveaux arrivants devaient respecter leurs coutumes. De plus, la plupart pensait que ces Blancs retourneraient chez eux de l'autre côté de l'océan. Car, pour les Indiens, vivre loin de la terre de ses ancêtres était impossible.

La Destinée Manifeste

Les colons pensaient que c'était une providence divine qui les avait conduits en Amérique, avec une mission sacrée : occuper le sol et s'y installer. Cela s'appela la « Destinée Manifeste » et beaucoup d'entre eux employèrent cet argument pour chasser les Indiens hors de leurs territoires ancestraux.

Depuis les premiers temps de la colonisation espagnole, les colons pensaient fermement que les Indiens n'avaient aucun droit moral de s'opposer à l'installation des Européens.

La traversée des colons s'est faite d'est en ouest.

Des idées contradictoires

Le Blanc voyait la terre comme une propriété privée que l'on pouvait vendre, acheter et exploiter pour son profit. Les Indiens avaient une notion bien différente des choses : la terre n'appartenait à personne. Les humains possédaient les récoltes, leurs outils, leurs armes, leurs chevaux. La terre, elle, ne pouvait être divisée. L'Indien pensait qu'il en dépendait au même titre que tout ce qui se trouve dans la nature. Les Blancs estimaient que les Indiens, ne cultivant pas la terre, la gaspillaient et n'en avaient donc pas besoin.

La fièvre de l'or

Après l'installation de colons fermiers, la découverte de gisements d'or et d'argent, dès 1848 en Californie, attira des hordes d'aventuriers. En 1874, le bruit circula qu'un immense gisement venait d'être découvert dans les Blacks Hills au Dakota du Sud, terre sacrée des tribus sioux. Les mineurs fouillaient la terre, la creusaient, sans aucun respect. Pour les Indiens, cela représentait une véritable agression. Pour la protéger, ils n'hésitaient pas à affronter les fusils des mineurs et les bataillons bien armés des soldats.

DES PENSEURS ACCOMMODANTS

Les philosophes européens trouvaient des arguments pour expliquer que les Indiens soient chassés de chez eux. Thomas More, célèbre penseur du XVIe siècle, écrivit : « La guerre la plus juste est celle que l'on fait à un peuple qui possède d'immenses terrains en friche et qui les garde comme du vide, surtout s'il en interdit la possession et l'usage à ceux qui viennent y travailler et s'y nourrir. »

Helena, la capitale du Montana, traversée par des colons en 1865.

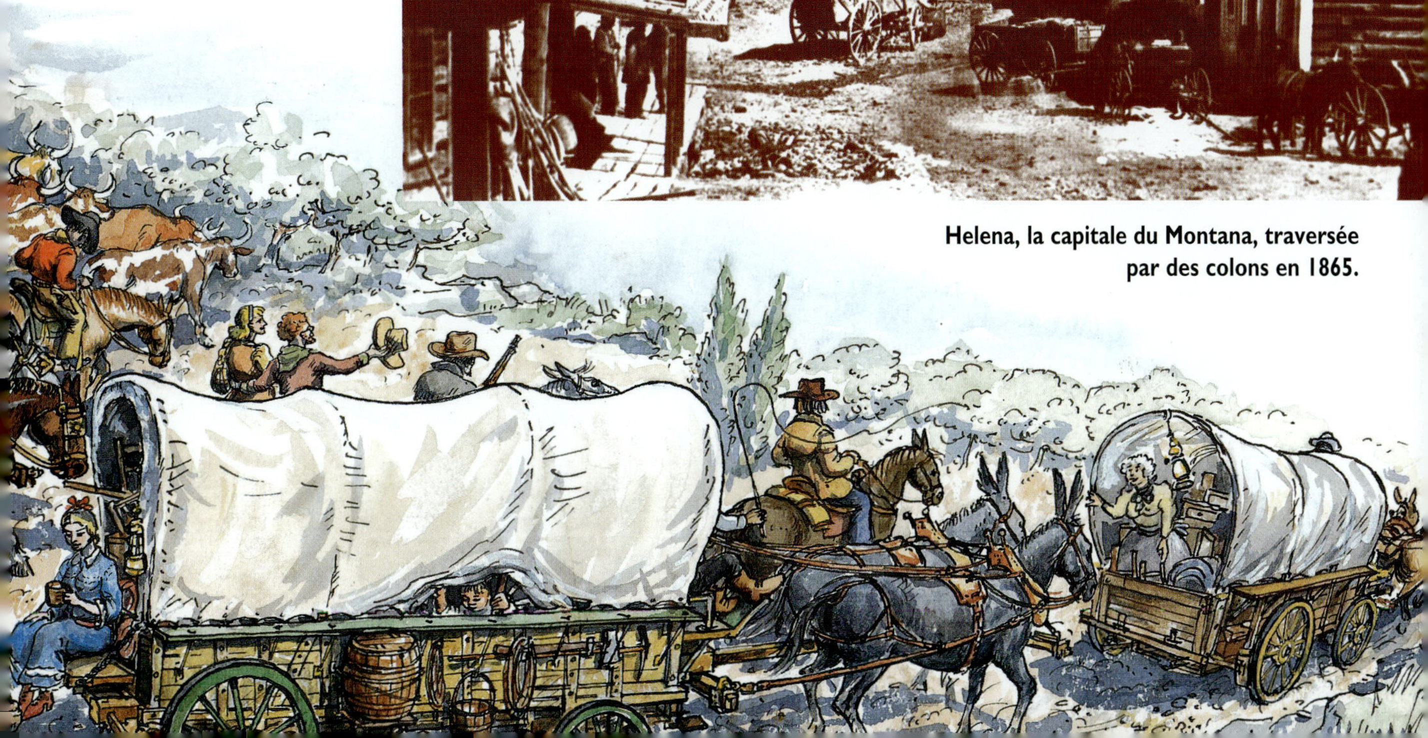

Chevaux de chair, cheval de fer

À l'ouest du Mississippi, s'étendait un territoire immense, peu connu des Blancs qui espéraient y trouver un avenir meilleur. Mais les distances rendaient difficile la colonisation.

Sur les pistes de l'Ouest

Dès 1841, partant de la confluence entre les fleuves Mississippi et Missouri, des milliers de Blancs, voyageant dans d'immenses convois de chariots, s'aventurèrent sur les pistes de l'Oregon et de Californie qui menaient au Pacifique ; celle de Santa Fe conduisait au Nouveau-Mexique. Ces tracés suivaient souvent des pistes indiennes. Les pionniers ignoraient les frontières établies par les traités, dérangeaient le gibier et laissaient plein de déchets.

En avant vers l'Ouest !

En 1850, les colons étaient principalement installés à l'est du Mississippi. Le reste du pays était à peu près vide de pionniers. Dans l'Ouest, une relative paix s'était installée entre les Indiens et les quelques Blancs qui y vivaient. Mais, poussée par des crises économiques et des persécutions religieuses en Europe ou attirée par l'espoir d'une vie meilleure, une vague de pionniers déferla sur le territoire des Indiens de l'Ouest.

Le fil qui parle

En 1861, le premier poteau télégraphique d'une ligne reliant l'Est à l'Ouest fut dressé. Les Indiens appelaient ce système de communication : le fil qui parle. Comme il permettait aux Blancs de communiquer entre eux rapidement, les Indiens abattirent les poteaux, attaquèrent les stations, coupèrent les fils.

En 1860, naquit la compagnie Pony Express avec, pour facteurs, des cavaliers intrépides.

Les facteurs au galop

Le courrier transporté par bateaux et diligences était trop lent. Grâce à la compagnie Pony Express et ses cavaliers, 180 relais furent construits sur 3 000 km. À chaque relais, les « facteurs » changeaient de cheval (des mustangs très résistants) et repartaient à toute allure.

Une circulation très chargée

Les Indiens comprirent vite le danger que représentait ce flot d'étrangers dont certains s'installaient avant d'atteindre le Pacifique. Ils s'appropriaient la terre, abattaient les forêts et leur bétail volait l'herbe des bisons. Les Indiens se mirent alors à attaquer les convois. Mais l'armée contrôla les conflits entre les tribus et les usagers des pistes. Avec cette protection militaire, la circulation des gens et le commerce s'intensifièrent : la construction du chemin de fer devint une nécessité.

Le cheval de fer

Le train, appelé « cheval de fer » par les Indiens, entraîna des bouleversements économiques : il transportait les récoltes et le bétail, emmenait de plus en plus d'immigrants et traçait un large sillon de 16 km de large, au milieu des territoires indiens. Parfois ces derniers attaquaient les constructeurs des voies ferrées, mais en 1869, le train réussit à rallier la côte atlantique à celle du Pacifique.

Autour des stations

Le gouvernement offrit de larges bandes de terre aux compagnies de chemin de fer ; celles-ci vendirent des terrains aux colons, et des villes se bâtirent autour des petites stations.

Les colons envahirent la terre des Indiens en chariot, puis en train.

Des chameaux postiers

Le désert du Nevada représentait un obstacle pour les chevaux qui devaient transporter le courrier. Le lieutenant Beale eut l'idée d'acheter des chameaux, célèbres pour leur endurance dans les déserts. Ainsi, 75 chameaux venus d'Égypte arrivèrent à San Antonio au Texas, en 1856. Mais cette expérience échoua et les chameaux devinrent des animaux de curiosité.

D’un continent à l’autre

La tomate, le maïs et ses vingt-cinq variétés, la pomme de terre et de nombreuses courges furent importés et cultivés en Europe. Les habitudes alimentaires des Européens en furent bouleversées.

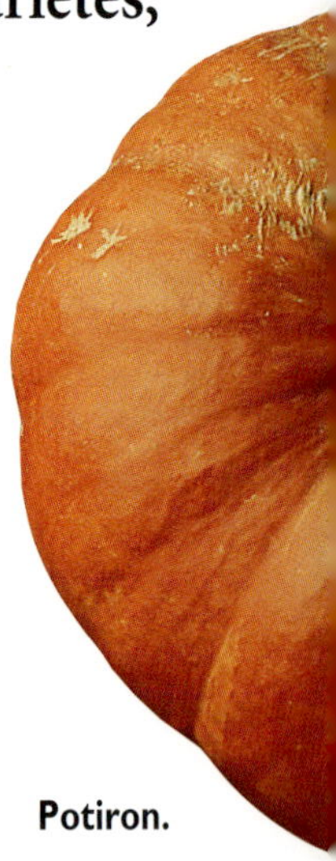

Potiron.

La révolution de la pomme de terre

Avant la découverte de l’Amérique, l’Europe dépendait de la culture de céréales : blé, orge, seigle et avoine. Certaines années, les récoltes produisant peu, les Européens souffraient de famine. La pomme de terre résolut ce problème dans de nombreux pays : en Irlande, en Pologne, dans les pays du Nord et jusqu’en Russie. Pourtant, lorsqu’elle fut introduite en Europe, certains la trouvant si laide l’accusèrent de transmettre la lèpre à ceux qui la mangeaient. Même Denis Diderot, célèbre écrivain français du XVIIIe siècle, lui reprochait de ne pas avoir de goût. L’Irlande fut la première nation à l’adopter avec enthousiasme.

Il y a 3 000 variétés de pommes de terre américaines, dont 240 importées en Europe.

D'autres plantes miracle

Les agriculteurs européens apprirent à cultiver le maïs américain que les Indiens vénéraient. Ils le transformèrent en farine ou en sirop pour le mélanger à d'autres aliments. Ils en firent aussi de l'huile et de la nourriture pour bétail. Le tournesol, dont on fait de l'huile et de la nourriture pour les animaux domestiques, est d'origine américaine, tout comme la tomate et les haricots.

Plusieurs variétés de courges dont la courgette et le potiron proviennent d'Amérique.

Les plantes médicinales indiennes

Beaucoup de Blancs durent la vie aux plantes utilisées en médecine par les Indiens. L'explorateur Maximilien fut sauvé du scorbut, en 1834, en mangeant des gousses d'ail sauvage. Le tabac, originaire d'Amérique, était une plante sacrée pour les Indiens. La fumée de ses feuilles séchées et brûlées leur semblait soulager les crises d'asthme. Ses feuilles humides appliquées sur des piqûres d'insectes apaisaient les démangeaisons. La laitue sauvage, elle, servait de sédatif.

Le riz indien

Ce que les Européens appelèrent le « riz sauvage » est une céréale aquatique issue du travail de sélection des agriculteurs ojibways (Minnesota et Wisconsin). Contrairement au riz des régions semi-tropicales, il pousse dans des régions froides.

Les animaux venus d'Europe

Si les Indiens permirent aux Européens de découvrir de nouvelles plantes, les Européens, de leur côté, initièrent les Indiens à l'élevage. Les Espagnols furent les premiers à introduire des animaux domestiques européens pour la nourriture et le travail : le porc, le mouton, le bœuf, le cheval et aussi le mulet, animal de transport sans lequel la colonisation n'aurait pas été possible. L'espace étant sans limite, l'élevage prospéra et il suffisait de quelques gardiens pour surveiller des troupeaux de plus de mille têtes. En vingt ans, une mer de bétail, venu principalement d'Angleterre, déferla sur le Nouveau Monde.

Les noms indiens

Beaucoup de mots désignant des objets utilisés dans le monde sont d'origine indienne, tel kayak (mot inuit) ou toboggan (mot algonquien signifiant « utilisé pour creuser »). Aux États-Unis, de nombreux lieux portent des noms indiens, tels les États du Massachusetts (mot algonquien signifiant « grande colline, petit endroit »).

Les guerres indiennes (1850-1885)

En 1850, la colonisation était achevée dans l'Est, tandis que les tribus des Plaines et du Sud-Ouest résistaient. Sans bisons, presque tous exterminés dès 1875, et cruellement attaqués par les « Tuniques bleues » de l'armée américaine, les Indiens n'avaient plus qu'à choisir entre capituler et vivre loin de chez eux, ou mourir au combat. De grands chefs devinrent légendaires pour leur héroïsme et leur détermination à sauver leurs tribus.

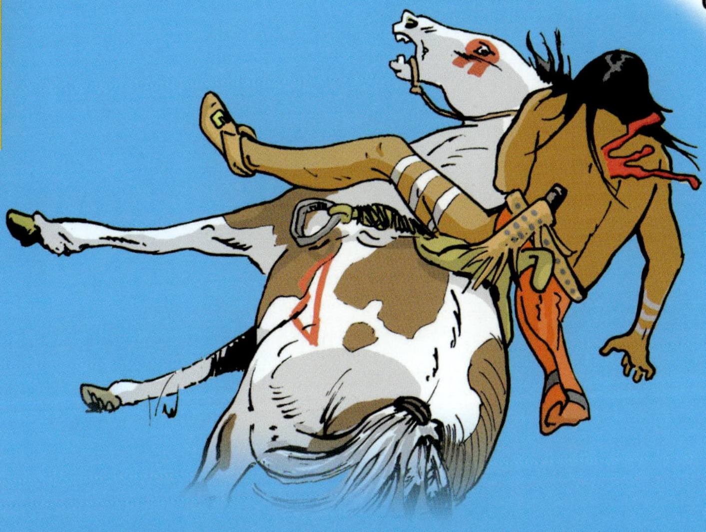

Traités rompus

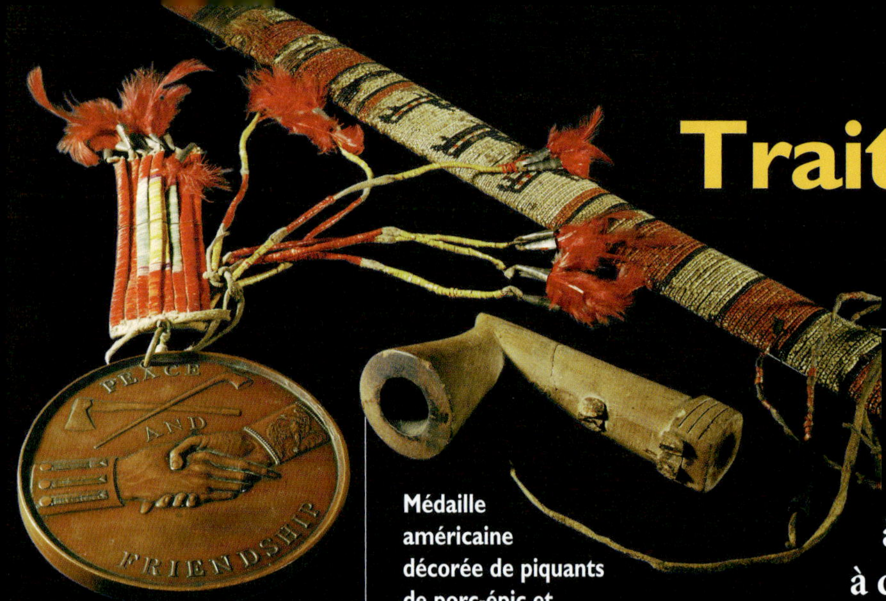

Médaille américaine décorée de piquants de porc-épic et calumet de la paix, offerts à Thomas Jefferson.

Des accords officiels, écrits et signés entre les Blancs et les Indiens, servaient à négocier la paix et à délimiter les droits de chacun. Dans la plupart des cas, ils dépossédaient les Indiens de leurs terres en échange de protection militaire, d'argent et d'aide à l'éducation des jeunes. Non contents de ces échanges de dupes, les Blancs renièrent la plupart des traités.

Territoire Indien

Le Territoire Indien fut créé en 1830 en Oklahoma. C'est là que les Indiens, forcés d'abandonner leurs terres aux colons, devaient désormais vivre loin de chez eux. Cela concernait d'abord toutes les tribus à l'est du Mississipi. Puis, celles de l'ouest y furent aussi déportées.

Pseudo-traités

Au début, les Indiens étaient aussi puissants que les Blancs. Les traités étaient donc conclus d'un commun accord. Mais lorsque la puissance américaine l'emporta, ces accords devinrent des reconnaissances de soumission aux exigences des vainqueurs. Ils furent souvent signés par des représentants de tribus qui n'avaient pas les pleins pouvoirs de décision, mais simplement l'adhésion d'une partie des leurs.

400 sur 800

Le premier traité fut signé en 1778, entre les Américains et les Indiens Delawares. En 1871, jugeant ce processus d'accords injuste pour les Indiens, le gouvernement mit fin à cette pratique. Entre 1789 et 1971, il y eut près de 800 traités signés. Mais le Sénat n'en reconnut que 400 et les Indiens se sentirent bafoués.

Signature du traité de Fort Laramie en 1868 entre les Sioux et le gouvernement américain représenté par le général William T. Sherman. Le chef Red Cloud fut le dernier à poser sa signature, le 6 novembre.

Tribus divisées

Les traités qui ne tenaient pas compte des alliances indiennes entraînèrent des conflits entre tribus rivales. Dans le traité de Fort Stanwicx, en 1768, les Iroquois acceptèrent de céder aux Britanniques un territoire qu'ils n'occupaient pas. En échange, ils reçurent des droits sur des terres où vivaient d'autres tribus, sans leur consentement. Puis lors de la renégociation du même traité en 1784, les Américains dépossédèrent les Iroquois d'une autre grande part de leur territoire, en signant des accords avec certains chefs seulement. Il s'ensuivit une guerre qui dura jusqu'en 1790.

Black Hawk, le chef des Sauks.

Plume d'oie sur les traités

La signature d'un traité se faisait en grande pompe, chacun promettant solennellement de le respecter pour toujours. Mais les Indiens, ne sachant souvent ni lire ni écrire l'anglais, se fiaient aux paroles d'un interprète au risque d'être trompés : ils signèrent des traités sans en connaître le contenu. Vers 1830, Black Hawk, le fier chef des Sauks disait : « J'ai promené une plume d'oie sur vos papiers sans savoir que cela voulait dire que je vous donnais ma terre. »

La fourberie diplomatique

Pour que leurs traités soient signés, les Américains soudoyaient les chefs des clans les plus faibles en espérant qu'ils sauraient convaincre le reste de la tribu. Quand les autres chefs qui n'avaient pas voulu ces accords en étaient informés, ils niaient la validité des traités signés sans leur consentement. Et les Américains se sentaient alors en droit de leur faire la guerre.

Les traités de Fort Laramie

De nombreux officiers de l'armée et 10 000 Indiens (Sioux, Cheyennes, Arapahos, Crows, Shoshones, Assiniboines, Mandans, Hidatsas et Arikaras) prirent part, en 1851, au traité de Fort Laramie (Wyoming) : les Indiens acceptaient de faire la paix, entre eux et avec les Blancs, en échange d'une protection contre ceux qui violeraient leurs terres. Dans le second traité signé en 1868 (entre chefs sioux et gouvernement américain), les Blancs retiraient leurs positions militaires du territoire sioux et acceptaient l'établissement d'une réserve en échange de l'arrêt des combats contre eux.

La place forte de Fort Laramie fut fondée en 1849.

Le combat des aigles

La vision de Crazy Horse

Crazy Horse eut une vision à 18 ans et l'homme-médecine lui dit qu'il ne serait jamais tué à la bataille, pourvu qu'il ne porte qu'une plume d'aigle et ne prenne jamais de scalp. Très courageux, Crazy Horse chevauchait toujours en tête de ses guerriers lors des attaques.

Refusant de perdre leurs territoires et leur liberté, les Indiens des Plaines vécurent des années de douleur. Des chefs courageux au destin tragique symbolisèrent pour toujours la résistance à l'envahisseur.

Jack Red Cloud, fils du grand chef Red Cloud (3e à partir de la gauche au premier rang). Photo prise lors de la visite d'une délégation sioux à Washington en septembre 1899.

Crazy Horse, le plus mystérieux des Sioux

1842-1877 • Sioux Oglala

Crazy Horse était un homme très réservé qui s'illustra par une bravoure inouïe dans la guerre des Sioux entre 1860 et 1870. Il combattit contre l'armée américaine aux côtés de grands chefs, tel Red Cloud. Vers 1868, il devint chef de guerre des Oglalas et participa en 1876 à la bataille de Little Bighorn qui, après la défaite de l'armée, entraîna de violentes représailles contre les Indiens. Alors que Red Cloud et d'autres chefs acceptaient de rejoindre une réserve près de Fort Robinson en 1868, l'irréductible Crazy Horse continua les combats.

En septembre 1877, à Fort Robinson, Crazy Horse tenta de s'échapper. Little Big Man, ancien compagnon d'arme, voulu l'en empêcher et l'enserra par derrière. Les Blancs dirent que ce fut le chef qui, dans ses mouvements, s'empala sur la baïonnette.

La fin d'un insoumis

Harcelé, sa tribu affamée, Crazy Horse accepta l'offre du général Crook : rendre les armes contre une réserve pour lui et les siens. En mai 1877, les fugitifs arrivèrent à Fort Robinson (Nebraska), espérant avoir bientôt leur territoire, mais Crook ne tint pas sa promesse. Et l'admiration que portaient les jeunes guerriers à Crazy Horse attisait la jalousie des autres chefs indiens. Le bruit courut qu'il préparait une rébellion et le 5 septembre, il fut convoqué au quartier général du fort. Voyant qu'il allait être mis en prison, Crazy Horse résista. Un soldat lui porta un coup de baïonnette dans les flancs ; le grand chef mourut dans la nuit.

Red Cloud, le tacticien des batailles

1822-1909 • Sioux Oglala

Red Cloud fut célèbre pour ses embuscades qui provoquèrent de nombreuses défaites de l'armée américaine. Sa technique était la suivante : un petit groupe allait narguer une colonne militaire qui, le plus souvent, partait à sa poursuite. Le groupe fuyait, emmenant les militaires à l'endroit où d'autres Indiens pouvaient les encercler. Red Cloud, chef de la puissante bande des Iteshichas (Méchants Visages) voulait que les forts, construits le long de la piste de Bozeman qui traversait la terre des Sioux, soient fermés. Le gouvernement dut accepter (traité de Fort Laramie, 1868).

Red Cloud devenu pacifiste

Red Cloud se rendit en 1870 à Washington en délégation officielle, pour rencontrer le président Ulysses S. Grant et défendre les intérêts des siens. Pourtant, en 1874, le traité de Laramie fut violé : Red Cloud essaya de contenir ses guerriers en colère, mais beaucoup continuèrent le combat aux côtés de Sitting Bull ou de Crazy Horse. Il mourut en 1909. Il n'eut qu'une seule femme et plusieurs enfants, dont un seul fils, Jack Red Cloud, qu'il mena à la guerre dès ses 15 ans.

Leçons du passé

Vers 10 ans, Crazy Horse assista aux assauts impitoyables de l'armée contre les camps indiens. Il en garda toute sa vie une méfiance et une haine à l'égard des Blancs. Ce fut le seul grand chef à ne jamais accepter d'être pris en photo.

Un Français chez les Oglalas

John Richards, un commerçant français, fut le premier blanc à importer de l'alcool dans la région des Oglalas qu'il échangeait contre des fourrures. Un de ses employés, Antoine Janis, épousa une Oglala et eut un fils qui se maria avec la fille de Red Cloud.

Sur cette photo de 1880, Red Cloud a 58 ans. Dix ans plus tôt, il alla à Washington pour négocier les limites de sa réserve avec le président U. S. Grant. Honteux de visiter la ville en voiture attelée alors qu'il voulait monter à cheval, le fier chef faillit annuler ses rendez-vous.

Red Cloud Agency

La réserve où vivait Red Cloud fut baptisée de son nom en 1873 et le gouvernement lui construisit une maison qu'il habita jusqu'à sa mort. À la fin de sa vie, malade et devenu aveugle, il accepta de se faire baptiser catholique.

Chef parmi les chefs

Sitting Bull, appelé « Tatanka-Iyotanka » dans sa langue, était un véritable chef d'État qui rallia autour de lui d'autres grands chefs dans leur lutte pour la liberté.

Sitting Bull, chef de guerre aux pouvoirs secrets

1831-1890
Sioux Hunkpapa

Né vers 1831, Sitting Bull devint, à l'âge de 22 ans, chef de la prestigieuse société guerrière des Cœurs Braves. Inspiré par de nombreuses visions, il fut dès sa jeunesse un personnage respecté à qui l'on attribuait de nombreux pouvoirs. Sans cesse avec ses braves, il harcela les forts et les convois militaires, et participa à de grandes batailles. Alors que certains Sioux acceptaient d'abandonner leur mode de vie pour s'installer dans des réserves, il refusa tout compromis et toute autre forme d'humiliation, préférant sa vie nomade devenue dangereuse.

Sitting Bull, en français signifie : « Bison Assis ».

Le temps de la guerre

En 1874, la découverte d'or dans les Black Hills (terre déclarée inviolable par le traité de Fort Laramie) accrut les tensions avec les Blancs. Sitting Bull, connu pour être un leader spirituel, devint chef de guerre des résistants sioux. Il mena victorieusement les siens lors de la bataille de Rosebud, en juin 1876, puis quelques jours plus tard, dans celle de Little Bighorn. Rendus furieux par cette défaite, les soldats redoublèrent de violence envers les Indiens. Sitting Bull fut obligé de se réfugier au Canada avec sa troupe en mai 1877.

Les cadeaux d'un père fier

Sitting Bull tua son premier bison à 10 ans et participa à sa première bataille contre les Crows à 14 ans. En récompense, son père lui offrit une lance, que sa mère avait décorée de perles, et un bouclier qui portait le motif d'un de ses rêves. La lance devint l'arme favorite de ce grand chef.

Un peu de répit

Au Canada, d'autres tribus avaient trouvé refuge, dont les Blackfeet et les Crees, ennemis des Lakotas. Les Canadiens craignaient des guerres intertribales et subissaient la pression des Américains qui voulaient récupérer les fugitifs. Sans les y forcer, ils souhaitaient que les Sioux retournent chez eux. Après quatre années de paix relative, Sitting Bull accepta finalement de rentrer aux États-Unis. Avec 187 de ses compagnons, il se rendit aux autorités américaines en juillet 1881. Ils furent emprisonnés à Fort Randall (Dakota du Sud), puis en mai 1883, on leur accorda enfin le droit de rejoindre la réserve de Standing Rock où vivaient les membres de la famille du chef.

Conseil de guerre entre Sitting Bull, Buffalo Bill et les soldats canadiens, en octobre 1877, à Fort Walsh, en territoire britannique.

La fin du chef

Sitting Bull était sympathisant du culte de la Danse des Fantômes (interdit par les Blancs). Mais les soldats voulant l'empêcher d'y participer vinrent l'arrêter en décembre 1890. Ses fidèles tentèrent de le protéger et, dans la confusion qui s'ensuivit, des coups de feu éclatèrent. Sitting Bull fut mortellement touché à la tête. Son fils Crow Foot, âgé d'une quinzaine d'années, et sept autres Indiens moururent dans la mêlée.

Affiche du spectacle de Buffalo Bill.

Avec Buffalo Bill

De 1885 à 1886, Sitting Bull participa aux tournées du cirque de Buffalo Bill espérant attirer l'attention des foules sur le triste sort des Indiens. Mais les spectateurs peu respectueux le déçurent et il retourna à Fort Randall en 1886. Le grand chef ne participa pas aux tournées qui circulèrent en Europe à plusieurs reprises, dont en France en 1889 (Paris, Lyon, Marseille), puis en 1909 (dans 120 villes).

Le Canada, terre d'asile

Lorsqu'ils perdirent l'espoir de conserver leur terre et leur liberté, plusieurs chefs indiens choisirent de s'exiler au Canada. Les Canadiens n'étaient pas amis avec les Américains et les Tuniques rouges (soldats canadiens) accueillaient volontiers les fugitifs, tant que ces derniers respectaient les lois de la « Grand-Mère blanche » (le Canada était une colonie Anglaise gouvernée par la reine).

Little Bighorn

En juin 1876, à Little Bighorn, l'armée américaine subit une cuisante défaite. « Longue Chevelure », le colonel George A. Custer, voulait exterminer les Indiens rebelles. Il crut, à tort, que son jour de gloire était arrivé.

Le camp des Indiens

Le jour se levait sur la vallée endormie de la sinueuse rivière Little Bighorn, en cette fin du mois de juin 1876. Au bord des rives, le campement indien et ses centaines de tipis s'éveillait. C'était la plus grande concentration d'Indiens jamais vue réunissant plusieurs milliers de Sioux, de Cheyennes et d'Arapahos. Le camp, divisé en sept cercles tribaux, s'étalait sur plusieurs kilomètres le long de la rivière. Les grands chefs sioux, Sitting Bull et Crazy Horse, étaient là, aux côtés des Cheyennes, Two Moon et Little Wolf.

La machine de guerre se déclenche

À 14 heures, Custer divisa son bataillon (le régiment de la 7e cavalerie) en trois troupes qu'il positionna sur trois fronts dans la vallée. Le major Benteen commandait la première (125 hommes), le major Reno la deuxième (140 hommes), et Custer garda avec lui 225 hommes. La mission de Reno était de surprendre le camp hunkpapa situé le plus à l'est de la rivière. Mais un grand nombre de guerriers menés par le chef Gall lui firent face, l'obligeant à se replier dans les bois.

George Armstrong Custer, né en 1839 dans l'Ohio, entra dans la célèbre école militaire de West Point en 1857. Très vite, il acquit la réputation d'être un officier arrogant et ambitieux, soucieux de son apparence extérieure.

Du côté de l'armée

Des éclaireurs crows et arikaras s'étaient alliés à l'armée des Blancs pour porter un coup à leurs ennemis sioux. Devant le grand nombre d'« ennemis », les éclaireurs recommandèrent la patience à Custer ; les troupes du colonel John Gibbon, du général Crook et du commandant Alfred Terry devaient rejoindre celles de Custer les jours suivants, afin d'encercler les Indiens. Mais Custer, qui cherchait la gloire, décida d'agir seul.

Une position dangereuse

Loin de là, le major Benteen et ses soldats avaient pour mission de barrer la route aux « hostiles ». Mais comprenant que Reno et sa troupe étaient en danger, ils les rejoignirent au galop. Les quelques survivants résistèrent jusqu'au lendemain. Les Indiens sachant que d'autres soldats allaient venir décidèrent de s'en aller, au grand soulagement des survivants. Pendant ce temps, Custer ignorant tout de la position de Reno, s'engagea dans un goulet menant à la rivière qui le séparait du village cheyenne, étrangement calme.

Sur cette photo, prise lors de l'expédition dans les Blacks Hills de 1874, Custer pose avec son éclaireur favori Bloody Knife (en chemise blanche). Ce Sioux Arikara mourut dans la bataille de Little Big Horn.

Custer isolé

Après avoir quitté Reno à 15 heures, il mit une heure pour parvenir à son but. Seule une dizaine de guerriers était en vue. Custer hésita à pénétrer dans le camp indien et son attention se porta vers un groupe sur une colline. Il décida de les poursuivre. C'est alors que le colonel américain et son bataillon se retrouvèrent soudain encerclés par les Indiens. Comme un ouragan déchaîné, les seigneurs des Plaines revenus à bride abattue déferlèrent sur les soldats.

UNE DERNIÈRE PRIÈRE

Avant la bataille, un éclaireur crow pratiqua la cérémonie de la pipe sacrée qu'il pointa dans les 4 directions de l'univers. Custer l'interrogea. Sachant qu'ils allaient sans doute mourir, le guerrier crow répondit : « Toi et moi, nous allons rentrer chez nous aujourd'hui, mais par une route qui nous est étrangère à tous les 2. »

Le champ de bataille de Little Bighorn est situé au sud du Montana, entre le Yellowstone Park et les Blacks Hills, tout près du Wyoming.

Une victoire indienne

Lorsque s'acheva la bataille de Little Bighorn, 263 soldats, dont Custer, avaient trouvé la mort. Il y eut environ 60 tués parmi les indiens. Ce fut la plus grande défaite de l'armée américaine. Mais cette bataille précéda la fin de la résistance indienne : un esprit de vengeance anima les militaires, et le gouvernement entreprit de lancer des campagnes sanglantes contre les Indiens.

Dans la panique, les militaires se dispersèrent : seul survivre comptait. Les soldats, armés de courage, se défendirent jusqu'à ce que leur sang teinte de rouge l'herbe de Little Bighorn. Quand la poussière des galops et la fumée des armes à feu se dissipèrent, moins d'une heure après le début de l'assaut, plus aucun américain n'était vivant. Custer et les soldats qui l'entouraient étaient morts. Seul Comanche, le cheval du capitaine M. Keogh survécut, malgré 17 blessures. Il devint un héros national.

Wounded Knee, la fin de la résistance

Le 29 décembre 1890 à Wounded Knee (Dakota du Sud) par un matin glacial, les Tuniques bleues attaquèrent et massacrèrent 300 Lakotas pacifiques (principalement des femmes, des enfants et des vieillards). Big Foot, leur chef, était pourtant un défenseur de la paix avec les Blancs.

Les guérilleros de la montagne

Par le traité de Guadalupe Hidalgo (1848) marquant la fin de la guerre entre le Mexique et les États-Unis, les Apaches et les Navajos devinrent maîtres de la région du Sud-Ouest et des nombreuses tribus qui y vivaient. Mais, parce qu'ils gênaient les colons blancs, l'armée leur déclara la guerre.

Le 30 avril 1860, avec plus de 1 000 guerriers rassemblés sous ses ordres, Manuelito encercla et attaqua le 1er fort américain installé dans sa vallée.

Manuelito et la résistance navajo

vers 1818-1894 • Navajo

De 1846 à 1868, les Navajos vécurent de sombres années : raids de chasseurs d'esclaves, traités trahis, éleveurs blancs volant leurs pâturages, offensives militaires. Révolté par tant de méfaits, le chef Manuelito entra en guerre en 1858, tout en abritant dans des lieux secrets, femmes, enfants et vieillards. Kit Carson, commandant un bataillon de l'armée, brûla alors les cultures, les maisons et tua le bétail. Harcelés, les Navajos se retranchèrent dans le canyon de Chelly, véritable labyrinthe mal connu des Blancs.

La longue marche des Navajos

En hiver 1864, les colonnes de Carson encerclèrent les Navajos affamés qui capitulèrent. Seuls manquaient à la victoire américaine quelques rebelles dont le chef Manuelito. Et le 4 mars 1864, 2 400 déportés se mirent en marche vers Bosque Redondo (Nouveau-Mexique). Le froid, la faim, les maladies décimèrent la colonne qui s'étendait sur des kilomètres. Pendant ce temps, Manuelito et d'autres guerriers tenaient tête à l'armée. Hélas, en septembre 1866, ils arrivèrent à Bosque Redondo escortés par des soldats. Leur pénible situation – manque de vivres et de vêtements – dura quatre années.

Kit Carson (1809-1868) fut tour à tour trappeur, éclaireur, éleveur de moutons, agent d'une réserve indienne et enfin, brigadier général de troupes américaines.

Un traité de dupe

En juin 1868, les Navajos signèrent un traité qui leur donnait la permission de retourner sur leurs terres. Ce traité réduisait leur territoire à un dixième de sa superficie, mais leur assurait la paix.

vers 1812-1874 Apache Chiricahua

Cochise et les Apaches

De leur côté, les Apaches du Nouveau-Mexique et de l'Arizona menaient le combat. Sans relâche entre 1850 et 1886, ils guerroyèrent contre les militaires et les colons qui souhaitèrent leur extermination. Parmi les tribus apaches autonomes, les Chiricahuas furent les plus intraitables. Dans leurs rangs s'illustrèrent les légendaires Cochise et Geronimo. En 1872, Cochise accepta de signer un traité de paix, contre un territoire de 5 000 km^2 accordé aux Chiricahuas, une infime portion de leur terre ancestrale. Cochise y mourut deux ans plus tard.

vers 1825-1909 Apache Chiricahua

Geronimo, l'ultime résistant

En 1876, la réserve fut dissoute à la demande des colons et il fut décidé de les transférer à la réserve de San Carlos (est de l'Arizona), où vivaient déjà plusieurs milliers d'Apaches. Déçu par cette traîtrise des Blancs, Geronimo reprit les armes et défendit héroïquement sa liberté et celle des siens. Capturé en 1877, il fut conduit de force à San Carlos, d'où il s'échappa en 1881. Mais en 1886, Geronimo et ses fidèles, exténués, traqués par 5 000 soldats, s'avouèrent vaincus et furent conduits enchaînés dans un camp en Floride, puis en Alabama.

Rebelles ou pacifiques

Il y avait 2 types de populations indiennes dans cette région : les Pueblos pacifiques et sédentaires et les nomades hostiles, Navajos et Apaches. Le gouvernement devait donc conserver aux Pueblos leurs droits acquis sous les régimes précédents, et d'autre part il lui fallait mener une politique d'intégration des nomades et les pacifier.

Au début de la guerre, Geronimo respectait son adversaire, le général Crook. Mais à partir de 1885, le général Miles fut intraitable : il mit fin à la résistance du grand chef.

Les derniers résistants

En 1894, les Apaches furent envoyés dans une réserve à Fort Sill, dans le Territoire Indien (Oklahoma). Geronimo y mourut de pneumonie, le 17 février 1909, loin de sa terre natale. Les Apaches furent les derniers indiens de cette région à déposer les armes en 1886.

En janvier 1805, des troupes mexicaines attaquèrent des Navajos retranchés dans le canyon de Chelly (fond de page). Ils tuèrent 93 guerriers et 25 femmes et enfants.

Des pacifistes courageux

La Comanche Blanche

À 9 ans, Cynthia Ann Parker, une Blanche du Texas, fut enlevée par les Comanches. Adolescente, elle épousa le chef Peta Nocono et eut trois enfants dont Quanah. Elle aimait sa vie indienne et son époux. Lorsque sa famille blanche la récupéra en 1850 (elle avait 24 ans) et l'empêcha de rejoindre ses enfants, elle se laissa mourir de tristesse.

De grands chefs, célèbres guerriers, réputés pour leur bravoure dans les combats, choisirent pourtant à un moment de leur vie de vivre en paix avec les Blancs. Conscients de l'issue fatale de ces guerres, ils voulurent avant tout sauver les leurs.

Quanah Parker pendant la guerre contre Sheridan...

Quanah Parker, l'Indien aux yeux bleus

1845-1911 • Comanche

Quanah, fils d'une femme blanche et d'un chef comanche, était un cavalier hors pair et un jeune homme courageux. En 1867, il devint chef de la puissante bande comanche appelée « Kwahadie », installée au Texas. Lorsque fut signé le traité de Medecine Lodge en 1867, Quanah refusa d'aller vivre dans la réserve établie pour les Kiowas et les Comanches, en Oklahoma. Les troupes du général Sheridan (célèbre pour sa férocité envers les Indiens) attaquèrent les Comanches et leurs alliés kiowas, détruisant leur village et leurs biens, lors de la bataille de Soldier Spring en décembre 1868.

Une adaptation réussie

Après 1875, Quanah Parker s'installa dans la réserve de Fort Sill en Oklahoma. Il s'adapta très vite à sa nouvelle vie, étudia l'anglais et l'espagnol, et devint un porte-parole influent lors des pourparlers avec les autorités américaines. Il construisit une maison, abandonnant le tipi et devint un éleveur prospère. Faisant partie des délégations officielles indiennes, il alla 20 fois à Washington. Il mourut en paix, en 1911.

De féroces guerriers

Avec ses alliés kiowas, Quanah harcela sans répit les colons américains, avec des armes à feu que leur fournissaient des contrebandiers mexicains. Redoutant leurs exploits de cavaliers et leur férocité, les Blancs appelaient les Comanches, « les Cosaques des Plaines ». L'armée lança une attaque massive et déploya ses troupes sur trois États (Nouveau-Mexique, Texas, Kansas). En septembre 1874, les soldats attaquèrent leur camp. Les Indiens parvinrent à s'échapper mais 1 500 de leurs chevaux furent abattus, leurs provisions et tipis brûlés. Les résistants furent obligés de capituler en juin 1875.

... et avec son épouse sur la terrasse de leur maison dans l'Oklahoma.

Plenty Coups, le diplomate

À 14 ans, Plenty Coups escalada le sommet d'une montagne en quête d'une vision : alors lui apparut une mésange. Les hommes-médecine l'interprétèrent en disant qu'il devait vivre en paix avec les Blancs. Bien que Plenty Coups fut célèbre pour son courage et ses combats contre ses ennemis les Lakotas, il ne se battit jamais contre les Blancs. Plenty Coups fut un ardent défenseur des droits de sa tribu auprès du gouvernement et devint chef des Crows en 1904. Il encouragea ses braves à s'engager en tant que volontaires dans la Première Guerre mondiale. Grâce à ses talents de diplomate, la réserve des Crows fut installée sur leur territoire ancestral.

Les éclaireurs crows

Plusieurs Crows servirent en tant qu'éclaireurs de l'armée contre les Lakotas qui voulaient accaparer leurs territoires. Fiers combattants qui n'hésitaient pas à attaquer, ils n'étaient pourtant pas assez puissants pour vaincre les Lakotas et leurs alliés cheyennes.

Plenty Coups photographié lors d'une de ses visites officielles à Washington.

Comme Quanah Parker, Plenty Coups décida d'habiter une maison plutôt qu'un tipi.

La maison pour la paix

Dans son testament, Plenty Coups légua à la réserve Crow sa dernière demeure (au Montana, près des montagnes Pryor), une jolie maison en rondin de bois, au milieu d'un terrain avec une source sacrée, afin d'en faire un lieu public de paix pour les humains de toutes races. Aujourd'hui encore, cette maison devenue un musée tribal reçoit de nombreux visiteurs.

Chef Joseph, photographié par E. S. Curtis, en 1903.

L'épopée de Chef Joseph

Homme de haute stature, éloquent dans ses discours, courageux face aux Blancs, Chef Joseph était déterminé à ne pas perdre son territoire et à ne pas faire couler le sang des siens.

Chef Joseph, le conciliateur

Pendant des millénaires, le centre nord de l'Idaho (région du Plateau) ainsi qu'une partie des États de l'Oregon et de Washington délimitèrent le territoire des Nez-Percés. En 1863, sous la pression des mineurs et des colons, leur réserve fut réduite à un dixième de sa superficie initiale et confinée dans l'ouest de l'Idaho. Une partie de la tribu – menée par Chef Joseph et d'autres chefs, dont son frère Ollokut – vivant en Oregon refusa d'être déplacée en Idaho. En mai 1877, l'armée lui donna trente jours pour rejoindre la réserve.

Épargner les innocents

Bien qu'il préféra la paix, Chef Joseph soutint toujours ses guerriers qui voulaient se battre contre les injustices des Blancs.

Négocier pour les siens

Le père de Chef Joseph était chrétien et l'appela Éphraim, nom que le chef n'utilisa jamais. De même qu'il ne se considéra jamais comme un chrétien. Tout comme son père, il préférait trouver des solutions pacifistes avec les Blancs, afin de protéger les siens. Mais il n'accepta jamais les conditions que les Américains voulaient imposer et lorsque ses guerriers attaquèrent des colons Blancs, il les soutint, leur ordonnant de ne jamais tuer ni femmes, ni enfants, ni blessés, ni de prendre de scalps.

Alice Fletcher, anthropologue et amie de Chef Joseph, organisa la répartition des lopins de terre entre chaque Nez-Percé. Elle passa plus de 2 ans dans la réserve.

Un homme de cœur

Chef Joseph, connu pour son éloquence, prononça un discours célèbre qu'il termina par : « Écoutez-moi, mes chefs, je suis fatigué ; mon cœur souffre, il est triste. De là où se tient le soleil en ce moment, je ne me battrai plus jamais. » Lorsqu'il mourut en 1904, le docteur déclara qu'il était mort de tristesse.

LE PARTAGE DU POUVOIR

Chef Joseph avait un frère plus jeune, Ollokut, qu'il aimait beaucoup. À la mort de leur père, en 1871, ils devinrent tous les 2 chefs. Joseph réputé pour sa sagesse géra les affaires sociales et Ollokut, guerrier ardent, les affaires militaires.

De faux amis

Traqués par plus de 1 900 soldats, attaqués plusieurs fois alors qu'ils campaient essayant de se cacher, Chef Joseph et les siens, en quête d'un refuge, décidèrent de chercher asile au Montana auprès des Crows, leurs alliés quand ils allaient chasser le bison. Au pays des Crows, ils apprirent que certains de leurs anciens amis étaient devenus des éclaireurs pour l'armée et qu'ils faisaient partie de ceux qui les poursuivaient. La tribu crow craignant des représailles de l'armée leur dit de continuer leur route.

La mort de Chef Joseph illustrée dans un journal français datant du 9 octobre 1904.

LE SORT DES RESCAPÉS

Les rescapés (87 hommes, 184 femmes et 147 enfants) furent reconduits dans une réserve en Oklahoma. En 1883, 150 femmes et enfants purent retourner dans la réserve nez-percé en Idaho. Joseph et le reste des siens furent envoyés dans la réserve de Colville dans l'État de Washington. Il ne put jamais retourner sur sa terre natale.

La dernière bataille

La bande errante (500 femmes et enfants, 200 guerriers et 2 000 chevaux) se dirigea alors vers le Canada et fut rattrapée, fin septembre par l'armée, à une cinquantaine de kilomètres du but, dans les montagnes Bear Paw au Montana. Dans la bataille qui dura plusieurs jours, Ollokut fut tué. Seule une bande commandée par White Bird et composée de 233 Nez-Percés parvint à gagner le Canada. Chef Joseph, conscient de la faiblesse de son peuple, après une marche qui dura 106 jours, se rendit.

Chef Joseph et son peuple marchèrent sur près de 3 000 km.

Au temps des réserves

Dépossédés de leurs droits et de leurs terres, les Indiens furent transférés dans des réserves et installés sur des terrains stériles dont les Blancs ne voulaient pas. Ils souffrirent de la famine, des maladies et perdirent toute confiance en eux. Dans les années 1880, toutes les tribus étaient confinées dans des réserves délimitées par les traités. Dans les années 1920, une politique spéciale concernant ces réserves vit le jour.

Le monde des réserves

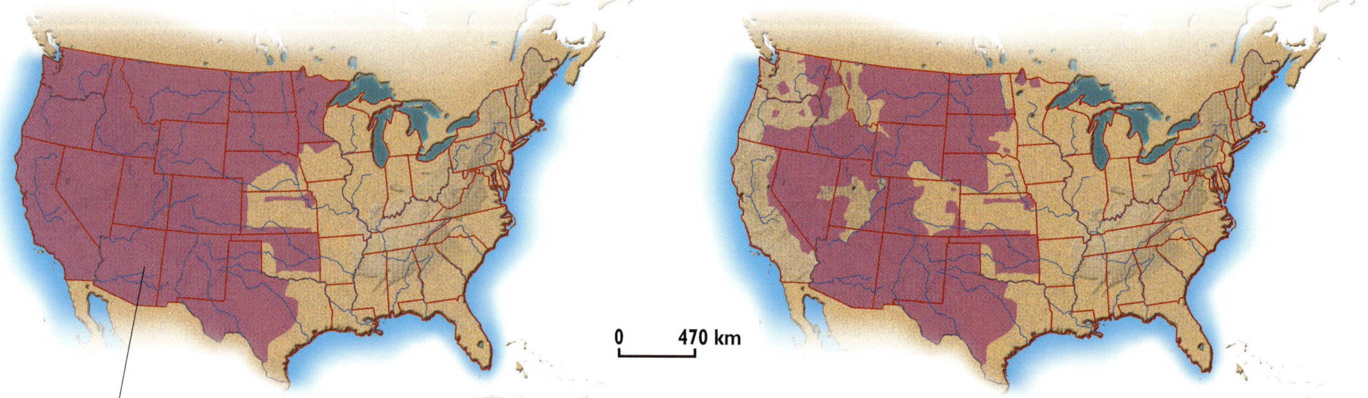

Terres indiennes en 1850, en 1865, puis en 1880.

Les Indiens étaient obligés de vivre dans des territoires beaucoup plus petits que ceux qu'ils avaient auparavant. C'était une façon d'isoler et de contrôler ceux que les Américains appelaient des « sauvages » pas assez « civilisés » pour vivre avec les Blancs.

Les agents corrompus

L'agent, ayant le contrôle sur tous les biens et l'argent attribués à la réserve, pouvait les détourner à son profit et en priver les Indiens. Ces derniers se révoltèrent contre une corruption trop fréquente et subirent des répressions injustes.

Qu'est-ce qu'une réserve ?

Les réserves étaient (et sont encore) des terres sous la responsabilité du gouvernement fédéral et réservées à l'usage des Indiens. En 1824, le gouvernement constitua le *Bureau of Indian Affairs* (BIA) pour les gérer et servir de liaison entre elles et les dirigeants américains. Chaque année, le gouvernement devait verser de l'argent et donner du matériel en compensation de la perte des terres indiennes et selon les accords des traités signés.

Des territoires temporaires

Normalement, chaque tribu aurait dû avoir sa propre réserve, mais plusieurs tribus, même ennemies, furent pourtant installées ensemble. Certaines étaient toutes petites (50 hectares en Californie), d'autres immenses (7 millions d'hectares pour la réserve navajo). Les réserves ne devaient être que temporaires, car le gouvernement espérait que les Indiens se « civiliseraient » et s'assimileraient totalement aux Blancs.

En 1859, à la suite d'une enquête gouvernementale, V. E. Geiger, agent d'une réserve en Californie, fut reconnu coupable de mauvais traitements envers les Indiens et d'avoir vendu pour son profit, à des Blancs, des terres indiennes. Il avait faussé le relevé des terres tribales.

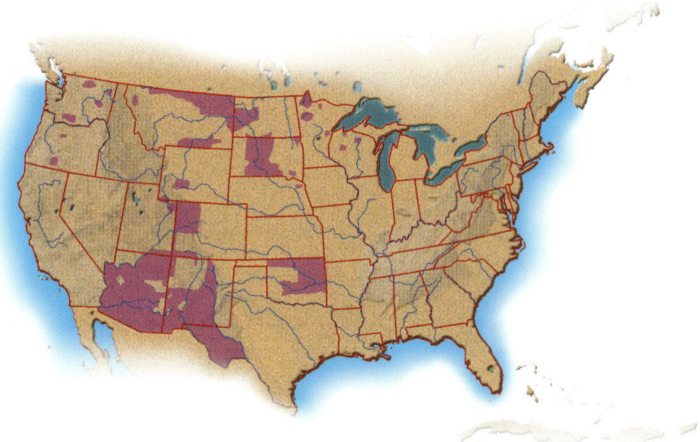

Ces 3 cartes montrent la terrible réduction des territoires indiens en moins d'un demi-siècle.

GOUVERNEMENT FÉDÉRAL

Aux États-Unis, il y a un gouvernement central avec pour chef suprême, le président, mais chaque État a un gouverneur et ses propres lois. On dit que les États sont fédérés et que le gouvernement américain est un gouvernement fédéral.
Les réserves dépendent du gouvernement fédéral.

LE BIA

Issu des conflits armés, le BIA fut d'abord rattaché au ministère de la Guerre puis, en 1843, au ministère de l'Intérieur, dont il dépend toujours. Il est divisé en plusieurs sections (santé, éducation, gestion des terres, justice…) dirigées par un commissaire aux Affaires Indiennes, nommé par le président.

L'agent indien

L'administrateur d'une réserve était appelé « agent indien » (c'était un Blanc). Nommé par le BIA, il gérait les affaires de la tribu, faisait le lien entre les chefs tribaux et les dirigeants américains, s'occupait de la distribution des rations alimentaires et du matériel envoyé par le gouvernement. Ses missions étaient de transformer les Indiens « sauvages » en hommes « civilisés » et sujets fidèles au gouvernement fédéral, mais aussi de veiller à ce qu'ils ne quittent pas la réserve.

Le personnel des réserves

Pour aider l'agent dans ses fonctions, des Blancs furent engagés. Parmi eux, un missionnaire, un docteur, un instructeur en agriculture et en élevage, un professeur et quelques soldats. Dans chaque réserve furent bâtis une école, une infirmerie, des bâtiments agricoles, des entrepôts et aussi des bureaux et des maisons pour l'agent et les employés. Petit à petit, des groupes composés de jeunes indiens enrôlés par l'agent, constituèrent une police tribale. En 1890, il y avait 59 corps de police indienne.

Indiens attendant leur ration alimentaire à Fort Gaston (Californie), en 1895.

Devenir Blanc

Dès les premières rencontres, les colons jugèrent que leur civilisation était supérieure à celle des Indiens. Petit à petit, ils tentèrent de faire disparaître totalement les cultures indiennes. Dans les réserves, cette mission devint la priorité.

Deux sœurs indiennes en tenue européenne vers 1900.

Transformer les Indiens à tout prix

Chaque tribu avait des religions, des règles sociales et politiques différentes, ce que ne comprenaient pas les colons blancs. À cause de toutes leurs différences, les Indiens étaient considérés comme des sauvages. Et plus encore, parce qu'ils n'avaient pas le sens de la « propriété » concernant la terre : ils l'occupaient, certains y chassaient, d'autres la cultivaient ; mais formant un tout indivisible, elle ne leur appartenait pas. Les Blancs décidèrent d'appliquer, à tous, les mêmes procédés de transformation.

Apprendre le sens de la propriété

En 1887, le Congrès vota le *Dawes Act* pour diviser les terres des réserves, jusque-là communes, en parcelles de 80 hectares par chef de famille. Mais celui-ci n'en devenait propriétaire qu'au bout de 25 ans, et s'il s'était « civilisé » ! Il fallait pousser les Indiens à apprendre les « vertus » de la propriété privée sur le modèle des Blancs. Les terres non distribuées étaient rachetées à bas prix par le gouvernement, puis revendues à des non-Indiens.

Détruire les signes extérieurs

Vêtements en peau et cheveux longs symbolisaient l'univers des Indiens, ce que voulait détruire le gouvernement qui les obligea à adopter les coutumes des Blancs. Ces mesures humilièrent et affaiblirent les Indiens.

Perte des terres tribales

En 1880, les réserves couvraient 70 millions d'hectares. Après la loi Dawes et le morcellement des terres, il n'en restait plus que 22 millions. Le gouvernement garda pour lui les terres afin d'en exploiter l'eau, le bois, les ressources minières et en revendit une partie aux fermiers et commerçants blancs.

Devenir fermiers

Désormais propriétaires de terrains, le plus souvent arides, les Indiens devaient devenir fermiers sur le modèle des colons blancs. Ils n'avaient plus la possibilité de chasser pour se nourrir, les bisons ayant été exterminés, et ne pouvaient plus se déplacer librement. Le gouvernement fournissait des semences, des outils (charrues, semoirs…), du bétail et des volailles que l'agent du Bureau fédéral distribuait. L'instructeur en agriculture leur donnait des leçons. Ceux qui produisaient les meilleures récoltes étaient récompensés.

Ce vieil Indien Pomo travaille au champ avec son arrière-petit-fils. Il est âgé de 110 ans. La scène se passe en septembre 1933.

Changer de Dieu

Il semblait vital aux Blancs que les Indiens deviennent chrétiens : les religions indiennes étaient perçues comme des menaces contre le processus de civilisation, car les Indiens traumatisés trouvaient du réconfort en pratiquant leurs cérémonies. Elles furent donc interdites. Aller à l'église et suivre les cours de religion devint obligatoire. Les catholiques et les protestants se disputèrent la mission d'évangéliser les Indiens. Ceux-ci regardaient ces rivalités d'un œil critique, car ils trouvaient malsain de se disputer au sujet d'un Dieu.

OUBLIER SA LANGUE, CHANGER DE NOM

Abandonner sa langue et apprendre l'anglais était obligatoire. Chaque réserve avait une école pour enfants et adultes. La plupart des enfants étaient envoyés dans des pensionnats lointains, afin de couper tout lien avec leur culture. Les noms indiens, difficiles à retenir pour les Blancs, étaient traduits en anglais ou remplacés par des noms chrétiens.

Les Indiens intégrèrent les nouvelles croyances sans abandonner les leurs.

Une éducation forcée

À la fin des années 1870, de nombreux jeunes Indiens furent obligés d'aller dans des pensionnats, loin de chez eux. Pendant plusieurs années, ils ne devaient plus avoir aucun contact ni avec leurs parents ni avec leur culture.

Un pensionnat pour Indiens

La plus célèbre école, Carlisle, fut fondée en Pennsylvanie en 1879, par un ancien officier, Richard H. Pratt, qui conseillait d'immerger totalement les enfants indiens dans le monde des Blancs. Composée d'anciens baraquements, Carlisle se trouvait sur un terrain militaire désaffecté. Pratt se rendit au Dakota du Nord dans les réserves des fameux chefs sioux, Spotted Tail et Red Cloud, pour recruter des pensionnaires. Les chefs refusèrent d'abord de confier leurs enfants, mais Pratt les convainquit de l'importance de son projet éducatif.

Les premiers arrivés

Les premiers pensionnaires, 82 filles et garçons, arrivèrent à l'école, le soir du 6 octobre, après un long voyage épuisant. Ils trouvèrent le camp désert : malgré les recommandations de Pratt avant son départ, il n'y avait rien à manger, ni lits installés ni vêtements. Les enfants dormirent sur le sol dans les couvertures que leurs parents leur avaient données. Pratt avait engagé des professeurs, des éducateurs et aussi des coiffeurs qui, au petit matin, attendaient les enfants.

Enlevés de force

De nombreux enfants furent enlevés de force à leurs parents par les agents et les militaires. Quand les parents résistaient et cachaient les leurs, ils ne recevaient plus l'aide alimentaire indispensable pour survivre dans les réserves.

Un pensionnat modèle

Carlisle reçut plus de 10 000 enfants indiens pendant ses 39 années d'existence. La plupart d'entre eux retournèrent dans leur réserve, généralement traumatisés et ayant oublié leur langue et leur culture. Carlisle servit de modèle à de nombreux autres pensionnats pour enfants indiens.

Pire qu'à l'armée

Dès que les enfants arrivaient, on coupait leurs longs cheveux, on les déshabillait et tout ce qui leur appartenait était brûlé. Couper les cheveux, pour de nombreuses tribus, était un signe de deuil. Pour les enfants, c'était donc un symbole terrifiant qui en fit pleurer plus d'un. Les groupes étaient organisés en bataillons de filles et de garçons, hiérarchisés comme à l'armée. Habillés en uniformes, ils suivaient une discipline militaire. Mais le pire était l'interdiction absolue de parler leur langue. Ceux qui désobéissaient étaient sévèrement punis.

Groupe de filles (à gauche) et de garçons omahas (à droite), à Carlisle en 1880.

LOIN DE LEURS PARENTS

Il y eut aussi un cimetière. Comme sur les réserves, les enfants furent contaminés par les maladies des Blancs (la tuberculose, la variole), d'autres dépérirent de chagrin.

Trop loin de leurs parents

Les cours se divisaient en matières académiques (mathématiques, lecture, écriture) enseignées à tous le matin, et techniques l'après-midi (ferronnerie, menuiserie pour les garçons ; cuisine, couture pour les filles). Les nouvelles règles étaient traumatisantes pour ces enfants qui ne voyaient plus du tout leurs parents : lors des vacances scolaires, ils étaient placés chez des Blancs pour y travailler. À la fin de leur scolarité (de 4 à 8 ans), ils devaient encore travailler pendant trois ans chez des Blancs, avant de retourner chez eux.

LE RAPPORT MIRIAM

En 1928, le rapport Miriam dévoila les mauvais traitements infligés aux enfants et critiqua le niveau très faible des professeurs. Petit à petit, des réformes furent faites pour améliorer les conditions d'éducation des enfants indiens.

Arrivée des enfants sioux à l'école de Carlisle, le 6 octobre 1879.

Une politique mal pensée

Constamment sur le qui-vive dans ces années troubles, les Blancs craignaient que tout rassemblement important ou conseil de chefs ne mène à la rébellion.

Le gouvernement américain ignora les différences culturelles entre tribus et chercha à appliquer un programme commun. Mais incapable d'empêcher la corruption de ses agents et d'éviter les disputes internes, il dut faire face à son échec.

Détruire les gouvernements indiens

Les gouvernements tribaux, qui continuaient de fonctionner dans les réserves, constituaient une force d'opposition aux décisions gouvernementales et un fondement des sociétés traditionnelles. Les agents firent tout pour les supprimer, allant jusqu'à garder emprisonnés loin des leurs, des chefs importants et leurs fidèles (Sitting Bull, Chef Joseph, Geronimo). Ils interdirent toutes réunions ressemblant à des conseils tribaux et essayèrent de briser les règles sociales de la tribu.

Changer les lois tribales

La justice américaine n'avait rien prévu concernant les crimes entre Indiens. Le gouvernement ne remédia à cette situation qu'en 1885. Une loi fut votée : dorénavant, tout Indien commettant un crime majeur (meurtre, viol…) contre un autre serait jugé selon la loi de l'État où le crime avait été commis.

À défaut de loi américaine

En 1883, un Lakota, Crow Dog, tua d'un coup de fusil le célèbre chef Spotted Tail. Arrêté par la police de la réserve, il s'attendait à être pendu selon les lois des Blancs. Mais comme aucune loi ne prévoyait cela, il fut relâché, à sa grande surprise. Selon les lois tribales, lui-même et tous ses descendants pendant quatre générations durent donner tout ce qu'ils gagnaient à la famille de Spotted Tail.

Spotted Tail

Des lois incompréhensibles

Les Indiens n'ayant pas la citoyenneté américaine, le gouvernement dut créer des lois spécialement pour eux. Ces lois établies en urgence devinrent si complexes que peu de gens purent les comprendre, pas même les administrateurs américains.

Les Indiens résistent

Vaincus militairement, réduits à vivre parqués et surveillés, sans cesse humiliés, n'ayant plus le droit de pratiquer leurs religions, ni leurs coutumes, les Indiens ne pouvaient accepter de voir anéantir leurs cultures ancestrales si anciennes. Certains parvinrent à s'adapter et à changer de vie, tel le chef comanche Quanah Parker. Mais cela créa des querelles entre les « progressistes » et les « anti-progressistes ». Des familles, des clans furent divisés. Mais, face à la trahison, à la corruption et à l'exploitation dont ils étaient victimes, et jugeant que le modèle des Blancs était loin d'être parfait, les Indiens résistèrent.

Vers l'autonomie

Les mesures prises par le gouvernement menaient à une impasse. En 1934, fut voté l'*Indian Reorganization Act* (IRA) dont la fonction était de protéger les terres tribales et de stopper leur morcellement. Il s'agissait aussi de mettre en place des gouvernements tribaux en reconnaissant leur souveraineté et celle de leur constitution. Les réserves devinrent autonomes, tout en ayant toutefois certaines dépendances vis-à-vis du gouvernement fédéral qui les aidait dans leur développement économique et social.

GOUVERNEMENTS TRIBAUX

Chaque tribu a son propre gouvernement depuis 1934. Il est constitué par un conseil tribal comprenant entre 5 et 11 membres élus par ceux de la tribu, au suffrage universel, avec à sa tête un président.

CITOYENS AMÉRICAINS

À partir de 1888, seule une femme indienne épousant un Blanc américain obtenait la citoyenneté américaine. Les Indiens ne l'obtinrent, ainsi que le droit de vote au niveau fédéral et local, qu'en 1924, avec l'*Indian Citizenship Act*. Au Nouveau-Mexique et en Arizona, ce droit leur fut refusé jusqu'en 1948.

DÉFENSEUR DES DROITS INDIENS

John Collier, commissaire aux Affaires Indiennes, lutta pour la défense des valeurs tribales et contre le morcellement des terres (*Dawes Act* de 1887). Il fut à l'origine d'un mouvement d'amélioration de la condition indienne (*New Deal*) et de la loi de réorganisation (IRA) de 1934. L'IRA est encore aujourd'hui l'un des fondements du fonctionnement des réserves indiennes.

John Collier entouré de chefs indiens blakfeet en juillet 1934 dans le Dakota du Sud.

Les nouveaux guerriers

Recrutement d'un Indien Navajo dans l'armée américaine : Paul Duncan, 19 ans, vient de signer son engagement dans la marine, le 16 décembre 1941.

En 1917, les États-Unis entrent dans la Première Guerre mondiale. Attachés aux traditions guerrières de leur passé et malgré des années d'humiliations, les Indiens s'engagent dans les conflits des Blancs pour défendre leur pays et regagner l'honneur des guerriers.

Les Indiens combattants

Pour être un guerrier indien, il faut force physique, morale et spirituelle, les qualités demandées à tous les soldats. Chez les Indiens qui avaient l'habitude des combats, il y eut plus d'engagés dans tous les grands conflits, que dans aucun autre groupe ethnique américain. Ils rejoignirent la marine, l'infanterie, l'aviation. Comme le disait un major américain en 1912 : « Le vrai secret qui fait des Indiens des combattants hors pair, c'est leur enthousiasme pour la bataille. »

Honneur et fierté

Les soldats étaient honorés par les leurs, avant leur départ et au retour de la guerre, en famille et en public. « Mon peuple m'honora comme un guerrier. Nous eûmes un grand festin et mes parents remercièrent tous ceux qui prieraient pour mon retour. Il y eut une danse organisée pour moi et tandis que résonnaient les tambours, je me sentais fier. Parce que je savais que j'agissais selon nos traditions de guerriers kiowas », raconte un Kiowa qui participa à la guerre du Vietnam.

Guerres mondiales

Tous volontaires, 12 000 Indiens s'engagèrent dans la 1re Guerre mondiale. Il y en eut 25 000 dans la 2de Guerre mondiale.

Les autres guerres

Après les deux guerres mondiales, il y eut celle de Corée (1950-1953), puis celle du Vietnam où plus de 42 000 Indiens (volontaires à 90 %) participèrent. Leur contribution continua dans les années 1980 et 1990 : durant les guerres à Grenade (1983), à Panama (1989-1990) et dans la guerre du Golfe (1991). Ils sont encore présents en Irak.

Ces Indiens sont des mécaniciens appartenant à l'armée de l'air : un Winnebago du Nebraska, un Sioux du Montana, un Pawnee d'Oklahoma et un Sioux du Colorado.

Soldats parmi d'autres

Il n'y eut jamais de bataillon constitué exclusivement d'Indiens. Cela permit des amitiés entre gens de différentes cultures, qui n'avaient pu naître jusque-là. De même que certains Indiens, de tribus ennemies dans le passé, se retrouvèrent unis dans la bataille, faisant naître un sentiment de communauté entre eux. Comme le dit un soldat lakota ayant servi en Corée : « Grâce à la guerre, j'ai des amis dans 500 tribus. » Ces nouvelles attitudes marquèrent les Indiens au retour des guerres et créèrent une véritable unité entre eux.

De nombreux soldats indiens ont été récompensés pour leur bravoure.

DANGER CLICHÉ !

Bien que soldats, les Indiens ne pouvaient échapper aux clichés. Les Blancs croyaient que tous les Indiens étaient d'incroyables pisteurs capables de se faufiler dans les lignes ennemies sans se faire voir. Aussi étaient-ils souvent envoyés en mission difficile. Il y eut un haut pourcentage d'Indiens blessés.

La croix de guerre est une haute distinction militaire française.

LA CROIX DE GUERRE

En France, durant la première guerre mondiale, il y eut 600 soldats indiens : 4 d'entre eux furent récompensés de leur bravoure exceptionnelle par la croix de guerre.

Mobilisation générale

Entre 1941 et 1945, près de 40 000 Indiens (sur une population de 350 000) servirent avec courage sur les champs de bataille en Europe et dans le Pacifique, mais aussi chez eux. Car loin du front, sur la terre américaine, femmes et hommes indiens désiraient également soutenir activement les combattants. Ils quittèrent leurs réserves pour aller travailler dans les usines d'armement et investirent plus de 50 millions de dollars en actions pour soutenir l'effort de guerre. Ils donnèrent aussi de l'argent à des organisations internationales, telle la Croix-Rouge.

FEMMES HÉROÏNES

Soldat dans l'armée américaine, Lori Piestewa (de la tribu hopi) est la première femme indienne tuée en 2003 au combat dans la guerre d'Irak. Durant la 2de Guerre mondiale, il y eut 800 femmes indiennes dans l'armée.

Ces 3 jeunes militaires étaient des *marines*. Minnie Spotted Wolf (Blackfoot), Celia Mix (Potawatomi) et Viola Eastman (Chippewa) ont été photographiées le 16 octobre 1943, en Caroline du Nord.

Ces *code talkers* navajos étaient rattachés à un régiment des *marines* américains. Ils communiquaient par radio dans le Pacifique.

Héros parmi les héros

Les ennemis allemands et japonais interceptaient les messages codés envoyés par les Américains et savaient les décoder. Seuls ceux utilisés par les Indiens ne furent jamais compris par les ennemis. Ces Indiens furent appelés les *code talkers*.

Les code talkers comanches

Lors de la 2de Guerre mondiale, 17 des *code talkers* étaient des Comanches. Adolph Hitler se disait : « Posah-tai-vo » (l'homme blanc fou). Dans la langue comanche existait un terme pour désigner l'avion, mais pas le bombardier : les Comanches l'appelèrent « avion enceinte ».

Les *code talkers* choctaws (1914-1918)

Le 142e régiment d'infanterie américaine était stationné dans les Ardennes françaises, en 1918, lorsque le colonel Bloor se souvint qu'il avait parmi ses hommes des Indiens qui parlaient différentes langues. Il fut le premier à employer une langue indienne pour envoyer des messages codés, persuadé que les allemands, qui interceptaient tous les messages et décryptaient les codes secrets, ne pourraient pas comprendre ce langage.

Des grains de maïs pour les bataillons

Il y eut quatorze *code talkers* choctaws répartis dans plusieurs bataillons durant la bataille de l'Argonne (1918) ; ils transmettaient en langue choctaw – par radio, téléphone, messages écrits – les stratégies de bataille. Le mot « gros fusil » en choctaw indiquait l'artillerie, le terme « petit fusil qui tire vite » les mitrailleuses et les expressions « un, deux ou trois grains de maïs » faisaient référence aux différents bataillons. Les américains purent ainsi effectuer des manœuvres sans se faire repérer.

Pas assez connus

Le film *Windtalkers* de John Woo (2002) raconte l'histoire d'un *code talker* navajo (joué par Adam Beach) et du sergent chargé de le protéger (Nicolas Cage). L'acteur Nicolas Cage avoua qu'il n'avait jamais entendu parler de ces héros indiens avant de tourner le film.

Secret jusqu'à la mort

Les *code talkers* navajos étaient accompagnés de *marines* chargés, en cas de capture imminente, de les tuer, afin qu'ils ne parlent pas sous la torture. Cela ne se produisit jamais. Le code resta secret jusqu'en 1968.

À l'intérieur ou sur le terrain, les *code talkers* devaient être opérationnels partout.

Les *code talkers* navajos (1940-1945)

L'idée d'utiliser le navajo vint de Philip Johnston – ingénieur et fils d'un missionnaire chez les Navajos – un des rares Blancs à parler cette langue très complexe. Il prouva au général Vogel, commandant de la flotte du Pacifique, que les Navajos pouvaient coder, transmettre et décoder trois lignes en anglais en 20 secondes, alors qu'il fallait 30 minutes aux machines pour faire la même chose. Convaincu, Vogel enrola des Navajos dans le corps des *marines* pour aller sur le front Pacifique lutter contre les Japonais.

Victoire sur une île japonaise

Il y eut 400 *code talkers* navajos, tous dans le corps des *marines.* Ce fut grace à eux que l'île d'Iwo-Jima au Japon fut prise. Les six *code talkers* assignés sur cette bataille transmirent, sans interruption ni aucune faute, les ordres de mouvements des troupes américaines, soit 800 messages. Le général Seizo Arisue, chef des services secrets japonais, dit que les Japonais qui décryptaient tous les autres codes secrets, ne purent jamais comprendre le code navajo.

En juin 1993, l'artiste Nelson Tsosie travaille à une œuvre de commande en hommage aux *code talkers* navajos.

UN DICTIONNAIRE SECRET

Les premières recrues navajos développèrent et apprirent par cœur le code secret, selon un dictionnaire qu'ils créèrent – dont 450 termes militaires. Ainsi « ne-ahs-jah » (la chouette) signifiait « avion espion » et « besh-lo » (poisson en métal), « sous-marin ». À chaque lettre de l'alphabet anglais, les Navajos donnèrent un mot navajo qui, traduit en anglais, commençait par la lettre de l'alphabet choisie ; « wol-la-chee » et « nesh-chee » donnaient donc « an ».

	Navajo	Anglais /Français
A	Wol-la-chee	Ant / fourmi
B	Shush	Bear / ours
C	Moasi	Cat / chat
D	Be	Deer /cerf
E	Dzeh	Elk / élan
F	Ma-e	Fox / renard
G	Klizzie	Goat / chèvre
H	Lin	Horse / cheval
I	Tkin	Ice / glace
J	Tkele-cho-gi	Jackass / âne
K	Klizzie-yazzie	Kid / enfant
L	Dibeh-yazzie	Lamb / agneau
M	Na-as-tso-si	Mouse / souris
N	Nesh-chee	Nut / noisette
O	Ne-ahs-jah	Owl / hibou
P	Bi-sodih	Pig / porc
Q	Ca-yeilth	Quiver / tremblement
R	Gah	Rabbit / lapin
S	Dibeh	Sheep / mouton
T	Than-zie	Turkey / dinde
U	No-da-ih	Ute / ute
V	A-keh-di-glini	Victor / vainqueur
W	Gloe-ih	Weasel / belette
X	Al-an-as-dzoh	Cross / croix
Y	Tsah-as-zih	Yucca / yucca
Z	Besh-do-gliz	Zinc / zinc

Nouveaux espoirs, nouvelles menaces

Deux chefs indiens hopis occupent une place d'honneur dans une cérémonie officielle en présence de John Collier, commissaire aux Affaires Indiennes.

Après la Première Guerre mondiale, les Indiens regagnèrent petit à petit confiance et pouvoir de décision sur eux-mêmes. Mais, vers la fin des années 1940, de nouveaux dangers les guettaient, tout aussi menaçants que des guerres.

Les pouvoirs du BIA

Les gouvernements tribaux étaient enfin reconnus. Mais le BIA supervisait la plupart de leurs décisions. John Collier, en 1934, permit aux Indiens d'accéder aux postes du BIA qui, jusqu'alors, étaient réservés aux Blancs. Le fonctionnement du BIA est le même aujourd'hui, sauf que la majorité des employés sont indiens et qu'il entretient des accords non seulement avec le gouvernement mais aussi avec les États où se trouvent les réserves.

Le prix d'une politique

De 1954 à 1959, avec l'application de la politique de *Termination*, 61 tribus – dont les Klamaths en Oregon, les Menominees au Wisconsin, les Paiutes de l'Utah – disparurent de la carte politique.

Dans une extrême pauvreté, ces Indiens vivaient sous un immeuble, en front de mer, à Seattle, en 1912.

Politique de déstabilisation

Alors que les Indiens semblaient politiquement organisés, des opposants au statut des réserves (autonomes mais soutenues sur le plan économique par le gouvernement fédéral) se firent entendre. Pour eux, les Indiens, désormais « civilisés », n'avaient plus besoin de la protection ni de l'aide du gouvernement.
Dans les années 1950, ce dernier ratifia une nouvelle politique dite *Termination* à laquelle s'opposèrent de nombreuses tribus.

Liquider les réserves

Cela revenait à supprimer le statut fédéral des réserves et donc à supprimer les aides fédérales qui leur permettaient de progresser dans leur développement économique et social (entretien des écoles, des hôpitaux, formations professionnelles, etc.). L'État fédéral ne protégeait plus les droits des Indiens face aux gouvernements des États, et la réserve perdait sa reconnaissance d'État souverain, pourtant accordée lors des traités. Les Indiens devenaient dépendants des États qui ne tenaient pas à les aider.

Des délégations de représentants indiens étaient régulièrement reçues à Washington.

Faire sortir les Indiens des réserves

La phase finale de l'assimilation des Indiens aux Blancs s'appela *Relogement*. Des primes à l'emploi (aide financière pour le déménagement et les besoins en attendant le premier salaire) devaient les inciter à quitter de leur plein gré les réserves pour se fondre dans les populations des villes. Organisé à la hâte, ce programme qui fit se déplacer plus de 30 000 Indiens, entre 1950 et 1968, surtout à Denver, Chicago et Los Angeles, se solda par un échec et prit fin en 1980. Beaucoup d'Indiens décidèrent alors de rentrer chez eux.

Un président avec les Indiens

Ce fut le président Richard Nixon qui mit officiellement fin à cette politique d'assimilation en 1970. Il la jugeait inacceptable car elle tendait à décourager les efforts d'autonomie des Indiens. Le Congrès vota, en 1975, une loi qui rétablit la souveraineté des gouvernements tribaux et leur donna plus de pouvoir de décision que le BIA.

Un Congrès indien

En 1944, fut créé le *National Congress of American Indians* (Congrès national des Indiens d'Amérique), un groupe intertribal, porte-parole de la défense des intérêts indiens face au gouvernement.

Membres de différentes tribus indiennes manifestant à New York, en avril 1970, pour la prise en compte de leurs droits.

Vers la métamorphose

Des navires de guerre

De nombreux navires de guerre furent baptisés de noms indiens, la plupart du temps des noms de tribus : *Delaware I*, *Mohawk I*, pour des destroyers, mais aussi des termes tels *Mocassin II* (« chaussure » en algonquien) pour un sous-marin, ou *Ticonderoga IV* (« entre deux lacs » en iroquois) pour un porte-avions.

Les guerres auxquelles les Indiens participèrent, appelés ou volontaires, les marquèrent profondément. De retour dans leurs réserves, ils étaient honorés et respectés, mais différents. Petit à petit, ils prirent une nouvelle place dans la société des Blancs.

Engagés mais pas citoyens

Pour les Blancs, l'engagement volontaire des Indiens dans la Première Guerre mondiale était la preuve qu'ils étaient capables de s'assimiler à la culture dominante. De plus, ils se portaient volontaires sans être obligés de faire un service obligatoire dans l'armée, puisqu'ils n'étaient pas reconnus citoyens des États-Unis. En 1919, la citoyenneté américaine fut donc proposée à tous les Indiens qui avaient participé à la guerre, s'ils en faisaient la demande. Il y eut peu de demandes.

Dans l'État de New-Mexico, en 1948, ces Indiens attendaient de se faire enregistrer pour pouvoir voter.

Refus dans le Nord-Est

Le 12 juin 1924, la citoyenneté américaine fut accordée d'office à tous les Indiens. Les Iroquois ne voulaient pas de ce titre craignant que ne soit remise en cause la souveraineté de la tribu et que le gouvernement ne soit plus obligé de respecter les traités. De plus, ils refusaient d'aller à la guerre de force ou de faire le service militaire obligatoire. Malgré leurs protestations, ils ne purent se soustraire à l'application de la loi.

Sur la voie de l'indianité

Après les guerres, la situation des Indiens changea. Mais les contacts qu'ils eurent à l'étranger et aux États-Unis, hors de leurs réserves, firent naître en eux une nouvelle conscience politique et sociale. À partir des années 1930, un sentiment d'indianité (la fierté d'être indien et la sensation d'appartenir à un groupe uni) vit le jour.

Indiens défendant leurs droits avec leur avocat, à New York, en octobre 1941.

Les Indiens modernes

Le désir de retrouver les valeurs du passé s'exprima dans les alliances entre tribus pour former un mouvement politique et social national. Dans les années 1960, leur volonté d'affirmer leur indianité se fit aussi par des signes extérieurs. Cheveux longs et vêtements indiens étaient un signe de ralliement et de métamorphose en un Indien moderne et combattant.

L'hommage de la patrie

Depuis 1926, le 11 novembre (jour de l'armistice de 1918) est célébré comme le jour des vétérans (ceux qui ont participé à une guerre). Il fut officiellement baptisé *Veteran's Day* en 1954. Il y a plus de 190 000 vétérans indiens aujourd'hui (de la Première Guerre mondiale à celle de l'Irak). Au XXe siècle, cinq Indiens reçurent pour leur héroïsme la Médaille d'honneur, plus haute distinction militaire américaine : trois furent blessés lors de la Seconde Guerre mondiale en Europe, deux moururent en Corée.

Pour marquer leur indianité, les plus jeunes se sont mis à porter des vêtements ou des éléments de costumes inspirés des modes traditionnelles, tout en s'habillant aussi de blue-jeans.

Médecins en moins

Lors des premiers conflits mondiaux, les réserves furent démunies de médecins, partis soigner les blessés de guerre. Cela occasionna une recrudescence des maladies dont la tuberculose.

Vétérans américains célébrant le cinquantenaire du débarquement à Omaha Beach, en Normandie, en juin 1944.

Les Indiens d'aujourd'hui

En Amérique du Nord, la population indienne compte près de 3 millions de personnes, dont environ 1 million au Canada. Les réserves couvrent 22 millions d'hectares sur les 900 millions qui constituent les États-Unis. Il n'existe pas de réserve typique, ni en terme de populations, ni géographiquement, ni en taille, et les différences entre les tribus sont grandes.

Les réserves aujourd'hui

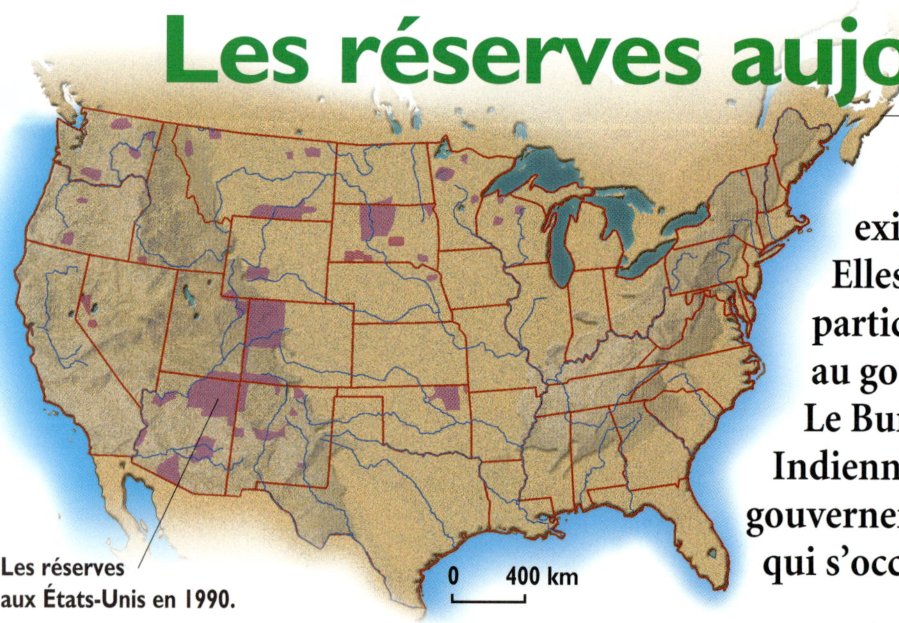

Les réserves aux États-Unis en 1990.

De grandes différences existent entre les réserves. Elles ont un statut particulier face au gouvernement américain. Le Bureau des Affaires Indiennes est l'organisme gouvernemental qui s'occupe d'elles.

Les réserves et les tribus aux États-Unis

Il existe plus de 300 réserves ; 562 tribus sont aujourd'hui fédéralement reconnues par le gouvernement américain. Cette reconnaissance fédérale est très importante : cela leur donne un statut d'État souverain, elles dictent leurs propres lois, ont leur propre justice. Elles reçoivent également des aides du gouvernement américain concernant leur développement économique, et des subventions dans les domaines de la santé et de l'éducation.

Le cas de l'Alaska

Acheté à la Russie en 1867, l'Alaska devint un État américain en 1959. Il n'y a qu'une réserve en Alaska : Annette Island, qui abrite la tribu Tsimshian. Les autres Indiens d'Alaska vivent dans 200 corporations de villages et 13 corporations régionales qui correspondent aux réserves dans les autres États.

Les tribus dans les réserves

Dans une réserve, cohabitent parfois plusieurs tribus : par exemple, la *Confederated Tribes of the Umatilla Reservation* (en Oregon) réunit les tribus Cayuse, Umatilla et Walla-Walla. D'autres ne sont occupées que par une seule tribu et portent souvent son nom, telle la réserve Crow au Montana. Parfois, les tribus se sont divisées et occupent plusieurs réserves : il y a des Cheyennes au Montana et d'autres en Oklahoma.

Les terres des réserves

Sur 22 millions d'hectares, les 3/4 sont des terres qui appartiennent aux tribus ; le gouvernement – par le Bureau des Affaires Indiennes – est responsable de leur administration et de leur aménagement, tandis que le gouvernement tribal décide de leur utilisation. Le quart restant est propriété individuelle appartenant souvent à des Blancs. Sur les quelque 300 réserves, seules 140 appartiennent entièrement aux Indiens.

Jeune indienne tsimshian photographiée en 1982, en Alaska.

Village de Supia dans la réserve indienne de Havasupai, en Arizona.

La taille des réserves

Certaines réserves couvrent de grandes surfaces, comme la réserve Navajo en Arizona dont les terres totalisent plus de 6 millions d'hectares ; c'est la plus vaste des États-Unis. D'autres sont petites comme la réserve Alturas Rancherias en Californie (huit hectares). Certaines forment un bloc uni, d'autres se retrouvent fragmentées à cause des différentes lois du passé.

LE BIA POUR LES RÉSERVES FÉDÉRALES

Le BIA finance les infrastructures routières, les projets d'irrigation, les services de police des réserves, les tribunaux tribaux et les fonds nécessaires pour répondre aux exigences du *Child Welfare Act* (loi sur le bien-être social des enfants). Il finance également les écoles et les collèges communautaires.

Les Indiens face aux impôts

Tous les citoyens indiens sont soumis aux lois fédérales et à celles de l'État. Mais sur une réserve, les lois diffèrent : l'État ne prélève pas d'impôts sur le revenu gagné dans la réserve. Les terres tribales sont exonérées de taxes foncières. Les Indiens et les entreprises indiennes ne paient pas de taxes de vente sur les opérations effectuées dans une réserve indienne, au contraire des Blancs qui vivent là. Les États peuvent prélever des taxes lorsqu'ils ont fourni des services – construction de routes ou d'écoles.

DES TRIBUS À PART

Pourtant reconnues par l'État dans lesquel elles vivent, 30 tribus ne sont pas identifiées par le gouvernement américain. Elles ne peuvent donc pas profiter des services du BIA. Une centaine de tribus essaient d'être reconnues fédéralement.

Une économie en développement

Il n'est pas rare, à Pine Ridge, de voir des aînés élèver leurs petits-enfants pour aider leurs propres enfants sans emploi.

La loi de 1975 sur l'autodétermination et l'éducation des Indiens a donné aux autorités tribales une plus grande autonomie dans la gestion de leurs affaires, incitant de nombreuses tribus à créer leurs propres entreprises.

Un grand fossé

Les réserves sont comme des petits pays en voie de développement, enclavés dans un grand pays riche et hyper industrialisé. Les petits exploitants et industriels des réserves doivent rivaliser avec les productions intensives et les grosses industries qui fixent les prix du marché. Entre les deux mondes, le fossé est grand. La conséquence de ce déséquilibre est le chômage (taux moyen de 37 %) qui est un des plus importants problèmes des réserves. Dans certaines, telle celle de Pine Ridge (Dakota du Sud), il atteint le taux record de 90 %.

Profiter du tourisme

Inquiets du développement touristique qui les transformaient en curiosités exotiques, les Indiens ont préféré gérer eux-mêmes l'afflux des touristes et profiter directement de l'argent obtenu. Mais certaines réserves, comme celle de Pine Ridge, sont si pauvres que le tourisme n'y est pas très opportun.

Entre industrie et agriculture

L'agriculture et l'élevage sont des activités vitales dans la plupart des réserves. Pourtant, une majorité de terres agricoles sont louées ou appartiennent à des non-Indiens. Les terres indiennes (soit 2,4 % de la superficie des États-Unis), souvent considérées comme défavorisées en raison de la pauvreté des sols agricoles, possèdent en fait de grandes richesses minérales dont 13 % des réserves de charbon de tout le pays et 50 % de l'uranium. De nombreuses petites industries se sont montées. En 1959, il y en avait 9, et en 1974, 250.

Une note d'espoir

Une étude récente de l'université de Harvard dit que les revenus des Indiens vivant sur les réserves augmentent plus vite que ceux de la population américaine globale. Et ceci se produit également dans les réserves qui n'ont pas de casinos.

Puits de pétrole, dans la réserve Navajo, au Nouveau-Mexique, en 1958.

L'exploitation des casinos a permis la création d'emplois pour les Indiens.

Question de survie

Depuis que la Cour suprême a autorisé les jeux de hasard sur les réserves en 1987, 40 % des tribus reconnues ont construit un casino créant 400 000 emplois (dont 25 % occupés par des non-Indiens). Les casinos permettent aux réserves pauvres de gagner de l'argent pour le développement de la tribu. Ces casinos sont contrôlés par un organisme indien fondé en 1988. Cette activité leur rapporte 16 milliards de dollars, ce qui représente 36 % du chiffre d'affaires total des établissements de jeux du pays.

Foxwoods, le plus beau casino

La tribu Pequot (700 membres environ) obtint sa reconnaissance fédérale en 1983. Leur réserve (Mashantucket Pequot Nation), située au Connecticut, mesure moins de 600 hectares. Les Pequots ouvrirent Foxwoods en 1992. Aujourd'hui, c'est le plus grand casino américain. Il procure plus de 40 000 emplois. Composé de nombreux hôtels et restaurants de luxe, de théâtres, de cinémas, de golfs, il reçoit plus de 41 000 visiteurs par jour.

SUCCÈS DES NAVAJOS

Les Navajos ont le revenu le plus élevé de tous les peuples amérindiens des États-Unis. Leur budget est estimé à environ 50 millions de dollars provenant des contrats d'exploitation du pétrole et du gaz, aussi bien que des ressources minérales et forestières, ce qui représente 88 % de leurs revenus.

DES CASINOS AUX MUSÉES

L'argent des casinos a financé une partie du nouveau musée consacré aux Indiens à Washington. Trois tribus ont donné 10 millions de dollars chacune, alors que le Congrès a attribué 119 millions de dollars. Par ailleurs, les Pequots possèdent le plus grand musée indien construit sur une réserve.

Entrée du casino de Foxwoods, en 1996.

Le nouveau musée de Washington a été inauguré en septembre 2004.

Jeunes et urbains

Femme indienne de l'Alaska et ses 2 enfants photographiés en 1981.

Les Indiens représentent 1 % de la population américaine. Ils ont donc peu de poids politique, mais ils ont le taux de croissance démographique le plus rapide et une population plus jeune que celle de l'ensemble des États-Unis. Ils vivent pour 63 % d'entre eux dans les centres urbains.

Une carte d'identité indienne

Les Indiens sont identifiés tribalement selon leur ascendance. La définition officielle du statut légal d'Indien est : « Toute personne ayant un certificat de sang indien qui est en accord avec le pourcentage de sang requis par sa tribu. » Ces certificats sont des cartes d'identité avec, entre autres indications, le degré d'appartenance à telle ou telle tribu. Pour bénéficier des services du BIA et voter au conseil tribal, il faut avoir cette carte d'identité.

Indiens des réserves ou Indiens urbains

Il y a deux classes sociales d'Indiens : les « Indiens des réserves » et les « Indiens urbains ». Les premiers qui vivent à l'intérieur des réserves bénéficient des programmes fédéraux : aide au logement, soins médicaux gratuits, aide à l'éducation et au développement économique, indemnité de subsistance. Ceux des villes en sont exclus, mais peuvent en profiter dès qu'ils sont dans leur réserve. Plus de 60 % des Indiens vivent dans les grandes villes. Cependant, ces deux groupes ont des relations familiales étroites et se rencontrent régulièrement dans les réserves.

AUTO-DÉTERMINATION

C'est en janvier 1975 que passa la loi *Indian Self-Determination and Education Act*, transférant aux gouvernements des tribus les responsabilités qu'avait auparavant le gouvernement américain : ils purent ainsi contrôler et gérer les programmes qui leurs étaient destinés (éducation, santé…).

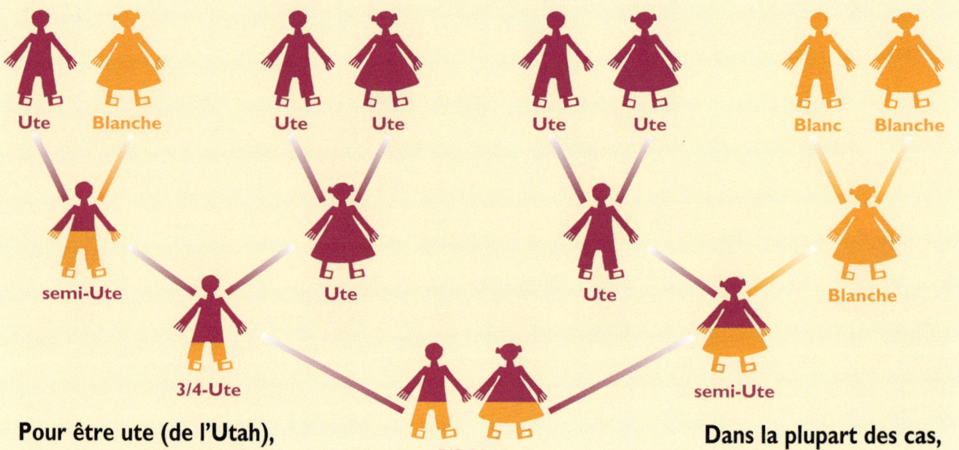

Pour être ute (de l'Utah), il faut avoir 5/8 d'ascendance ute.

Dans la plupart des cas, le quota requis varie de 1/4 à 1/2.

Moment de détente pour cette famille indienne lors de la fête annuelle du Pueblo Santa Clara au Nouveau-Mexique.

Population des réserves

La population des réserves va d'une poignée d'individus (7 membres inscrits à Summit Lake au Nevada) à 250 000 pour la réserve Navajo. La plus importante tribu (répartie dans 3 réserves) est celle des Cherokees qui regroupe plus de 300 000 individus. Certaines réserves sont occupées à 100 % par des Indiens (Pueblo Zia) et d'autres le sont majoritairement par des non-Indiens (à Pueblo Pojoaque, sur 2 550 habitants, 180 sont Indiens). C'est en Californie qu'il y a le plus d'Indiens.

Les problèmes de santé

Les changements radicaux de vie des Indiens, dont leurs habitudes alimentaires, imposés par les Blancs, eurent de forts impacts sur leur santé. Des maladies surgirent dans la population indienne, tels le diabète qui est 6,8 fois plus élevé que chez les Blancs, et la tuberculose qui est 7,4 fois plus élevée. Dans toutes les réserves, il y a un centre médical et dans les plus importantes un hôpital. L'organisme central qui gère les services de santé est le IHS (*Indian Health Service*) qui fait partie du ministère de la Santé.

Un Indien des Plaines rend visite à un médecin en terre navajo.

OBJECTIF SANTÉ

Le BIA et l'IHS sont les 2 plus importants organismes fédéraux consacrés aux Affaires Indiennes. Un des objectifs de l'IHS est de construire des hôpitaux dans les endroits les plus isolés. Le budget de l'IHS est environ de 2,4 milliards.

CHAMANS ET MÉDECINS

Dans les hôpitaux des réserves il n'est pas rare de trouver des hommes-médecine qui complètent la médecine occidentale sans rivaliser avec elle. Dans les hôpitaux de la réserve Navajo, on trouve un hataali (un homme-médecine) et un hogan (demeure traditionnelle navajo) à l'intérieur de l'hôpital.

Le renouveau spirituel

Cette école accueillant de jeunes indiens, située sur la réserve Spokane, a toutes ses classes connectées à Internet.

Alors que les langues indiennes et les pratiques religieuses étaient interdites, les signes apparents attaqués par ceux qui voulaient transformer les Indiens en « êtres civilisés », un changement d'attitude s'opéra dans les années 60. On assiste désormais à un renouveau des cultures indiennes.

Changements dans l'éducation

Beaucoup d'enfants indiens suivent un enseignement donné par des établissements tribaux (école primaire, collège, lycée). Aux États-Unis, il y a 185 écoles et lycées (dont des pensionnats) tribaux avec un effectif de près de 50 000 élèves. Les études sont les mêmes que dans les écoles non indiennes avec quelques différences, comme des cours de culture et, parfois, de langue tribale. Toutes les réserves n'ont pas d'école, aussi les enfants vont-ils dans celles de l'État. Dans ces écoles qui se trouvent à proximité des réserves, la culture indienne est souvent un sujet enseigné.

Les universités dans les réserves

Les universités tribales (plus de 30) ont pour principe d'apprendre les technologies et sciences modernes sans pour autant que les étudiants (environ 30 000) perdent leur culture traditionnelle. Elles cumulent des études indiennes (histoire, langues, philosophie et art tribaux) et non indiennes. La plupart mènent à l'équivalent du niveau de la licence ; les étudiants qui veulent continuer ensuite doivent s'inscrire dans les universités non indiennes malheureusement très chères. Ce qui rend leur accès difficile.

Un hallucinogène sacré

Lors de leurs cérémonies, les pratiquants de la *Native American Church* ont le droit de consommer du peyolt (petit cactus hallucinogène) tout comme est consommée l'hostie lors de l'eucharistie. Le peyolt procure des visions et favorise la méditation. Ce furent les Kiowas et les Comanches qui, autour de 1885, introduisirent cette pratique venue du Mexique précolombien.

Rodéo indien

En 1912, Tom Three Person (Blood du Canada) monté sur Cyclone, un cheval indompté célèbre, fut le premier Indien champion mondial de *bronc riding*, la monte d'un cheval sauvage. Dans le *All Indian Rodeo*, seuls les Indiens porteurs d'une carte d'identité tribale sont admis à concourir.

Cette Indienne danse avec un prêtre lors d'une cérémonie, en 1971, dans l'Idaho.

Renouveau spirituel

Jusqu'en 1934, les cérémonies religieuses indiennes étaient interdites. La renaissance des cultures indiennes s'accompagna de celle des cérémonies traditionnelles. Le christianisme, implanté fortement par les missionnaires parmi les Indiens, s'intégra avec certaines pratiques religieuses traditionnelles. Beaucoup d'Indiens font partie de la *Native American Church* (Église des Premiers Américains) ; ce culte – fusion du christianisme et de religions indiennes – officiellement reconnu en 1918, indianise la doctrine chrétienne et crée une union des tribus par la foi.

Pow-wow, le souvenir du passé

Les pow-wows sont de grands rassemblements tribaux ou intertribaux, pendant lesquels se retrouvent les familles et amis dispersés dans toute l'Amérique. Pendant deux ou trois jours, des compétitions de danses et de chants traditionnels ainsi que des rodéos sont organisés. Chaque réserve indienne célèbre annuellement un ou plusieurs pow-wows. Les touristes viennent admirer les superbes costumes et écouter les musiques traditionnelles ; les danses sont réservées aux Indiens, mais celle qui clôt le pow-wow est ouverte à tous pour célébrer l'amitié entre les peuples.

Comment revinrent les pow-wows

En 1904, R. C. Reynolds, l'agent indien de la réserve Crow, proposa d'organiser une fête pour récompenser les plus beaux produits agricoles. Les Crows saisirent l'occasion de restaurer quelques coutumes de leur passé et, en 1910, lors de la fête nationale du 4 juillet – jour où l'on incitait les Indiens à faire preuve de patriotisme – ils obtinrent l'autorisation, auparavant refusée, de présenter des danses et d'organiser des concours hippiques.

Les jeunes danseurs se préparent pour le concours de danse. Chacun porte un numéro pour être identifié par les juges.

Le *Red Power*

Ces membres de l'AIM montent la garde devant l'église catholique de Wounded Knee, le 3 mars 1973.

La naissance de pouvoirs contestataires vers la fin des années 1960, appelés « Red Power » (Pouvoir Rouge) marque un tournant dans les actions des Indiens. Eux qui représentaient une minorité ethnique considérée comme silencieuse deviennent des éléments bruyants sur la scène politique et dans les médias.

La colère monte

En 1968 naît à Minneapolis (Minesota) le *American Indian Movement* (AIM), constitué par des Indiens révoltés par les mauvais traitements que la police leur inflige. L'AIM se veut le défenseur des valeurs tribales du passé, lutte pour le respect des traités signés et contre toutes formes d'injustice dont sont victimes les Indiens. L'AIM siège à Minneapolis, mais est présent aussi dans d'autres villes et dans les réserves.

Le feu aux poudres

Au Dakota du Sud dans la réserve lakota de Pine Ridge, le 21 janvier 1973, un Indien meurt lynché par des Blancs. La justice entame un procès non pas pour assassinat mais pour homicide involontaire. Des manifestants protestent contre cette parodie de justice. Se rendant au tribunal, ils sont arrêtés par des barrages policiers et certains sont conduits en prison. À la suite de cet événement, du 27 février au 8 mai 1973, un groupe de 200 militants armés occupent le petit village de Wounded Knee dans la réserve de Pine Ridge.

Sur l'île d'Alcatraz

La première grande action de l'AIM fut l'occupation de la prison désaffectée d'Alcatraz dans la baie de San Francisco, en 1969, pendant 19 mois. Aujourd'hui encore, l'AIM défend les causes indiennes dont celle de Leonard Peltier, emprisonné depuis 1973, accusé du meurtre non élucidé, d'un agent du FBI, lors de l'occupation de Wounded Knee.

Russell Means et Dennis Banks répondant aux questions d'un journaliste, le 10 mars 1973.

L'occupation de Wounded Knee

C'est en souvenir du massacre de plus de 300 Sioux à Wounded Knee en 1890 que l'action de l'AIM, menée par Dennis Banks et Russell Means, se concentre sur ce village. Elle exprime leur colère contre la mauvaise gestion de la réserve (une des plus pauvres) et la corruption de l'administration. Les militants occupent l'église du Sacré-Cœur et prennent 11 otages (dont le père jésuite de l'église) qu'ils libèrent rapidement. L'AIM réclame une enquête sur l'admisnistration des réserves et sur la violation des traités.

Le FBI intervient

Des centaines de policiers, des chars, et des agents du FBI arrivent sur place pour tenter de déloger les militants. Les hélicoptères survolent les lieux ; des coups de feu sont échangés entre deux négociations. Dans tout le pays des sympathisants prennent la parole pour défendre les Indiens ; mais le siège dure trop longtemps et se termine par un compromis, sans réelle victoire autre que de dévoiler au monde la terrible situation de la réserve. Certains militants s'enfuient, d'autres sont arrêtés et jugés.

Nations souveraines

Les Indiens militants veulent que leur statut de nation souveraine, c'est-à-dire de nation indépendante et qui traite d'égal à égal avec le gouvernement américain, soit protégé et reconnu par tous.

La police d'État et le FBI eurent du mal à venir à bout des militants décidés à se battre jusqu'au bout.

En juillet 1978, à l'arrivée de la Longue Marche à Washington, l'acteur Marlon Brando apporta son soutien à la cause indienne.

Des marches pour se faire entendre

En 1978, du 11 février au 14 juillet, les membres de l'AIM organisent une marche de 5 500 km, de San Francisco à Washington. Tout au long du parcours, Indiens et non-Indiens les rejoignent. Ils sont soutenus par des célébrités (le chanteur Bob Dylan, les acteurs Robert Redford, Jane Fonda, Marlon Brando…), mais aussi par des moines boudhistes, des Noirs et des Portoricains. Cette marche commémore celles du passé quand furent déportés de nombreuses tribus sur la Piste des larmes.

Membres de l'AIM protestant contre la législation anti-indienne.

Les défenseurs du futur

Pollution des réserves, abattage des bisons, pauvreté et injustice : sur le front de la défense des causes indiennes, des hommes et des femmes se sont dressés pour aider les leurs. Avocats, médecins, scientifiques, politiciens, ils sont devenus les défenseurs du futur.

Pour que vivent les bisons

Depuis 1996, les bisons du parc de Yellowstone (dernier troupeau sauvage des États-Unis) sont menacés par des éleveurs blancs. Accusés d'être porteurs de brucellose – une bactérie pouvant provoquer des avortements – transmissible aux animaux domestiques, ils sont régulièrement abattus dès qu'ils franchissent les limites du parc. Pour les Indiens, ces tueries rappellent celles du XIXe siècle. Cinquante et une tribus dispersées dans seize États ont constitué une association pour les défendre et les réintroduire sur leur territoire.

Pour les droits des Indiens

Jusqu'en 1970, il n'existait pas d'organisme capable de comprendre la complexité des lois relatives aux Indiens. En 1971, les Indiens fondèrent une association, la NARF, agissant en tant que représentant légal des tribus, organismes et individus indiens. Elle défend les droits religieux et civiques, soutient l'autonomie politique des gouvernements tribaux, veille au respect de l'environnement et au bon développement économique des réserves. La NARF emploie quinze avocats spécialisés dans le droit indien.

La terre n'est pas à vendre

En 1980, les Sioux refusèrent les 100 millions de dollars que le gouvernement leur offrait en compensation des Black Hills (région sacrée dans le Dakota du Sud) abusivement confisquées. Aujourd'hui encore, ils se battent pour qu'on leur rende au moins une partie de ce territoire sacré.

La chasse aux bisons par les Blancs serait-elle sur le point de recommencer ?

Pour contrôler les ressources énergétiques

Plusieurs groupes indiens ont obtenu que l'exploitation des richesses minérales dans les réserves soit renégociée tant elle leur était défavorable. Depuis 1975, un conseil intertribal, le CERT, s'occupe de leurs ressources énergétiques et défend leurs intérêts menacés par des groupes puissants. Des associations se sont constituées, tant au niveau national que régional pour soutenir des causes précises, tel *Black Mesa Trust* qui tente d'empêcher l'implantation de sites de déchets nucléaires dans la région des Hopis.

Pour protéger la nature

Depuis les années 1990, de nombreux Indiens ont entrepris des actions pour protester, par exemple comme les Navajos, contre l'abattage de forêts qui détruit l'habitat de nombreux animaux. Dès les années 1970, les Salishs et les Kootenais du Montana décidèrent de protéger l'environnement plutôt que de gagner de l'argent en développant des industries, veillant à ce que les terres sauvages le restent. Par ailleurs, les Makahs (côte nord-ouest) ont réussi à préserver certains droits sacrés de pêche et de chasse ; ils sont les seuls à avoir obtenu, en 1997, le droit de chasser la baleine.

LES NAVAJOS CONTRE TEXACO

Après avoir perdu un procès, Texaco est obligé de payer 850 000 $ pour 88 déversements accidentels de pétrole, survenus entre décembre 1991 et janvier 1998, et autres violations à l'environnement dans la réserve Navajo.

UN INDIEN AU SÉNAT

Élu en 1992, Ben Nighthorse Campbell est cheyenne et le premier Indien sénateur (du Colorado).

Mohawk participant à la construction d'un building dans le quartier de Manhattan à New York.

CONSTRUCTEURS DE GRATTE-CIEL

Les Mohawks (nation Iroquoise) sont les spécialistes du maniement d'immenses poutrelles de métal à des hauteurs vertigineuses. Ils participèrent ainsi à la construction de la plupart des gratte-ciel de Manhattan et de nombreux ponts. On croyait qu'ils n'étaient pas sujets au vertige ; en réalité, ils contrôlaient leur peur avec fierté. On les surnommait les *cow-boys* du ciel.

Premières Nations du Canada

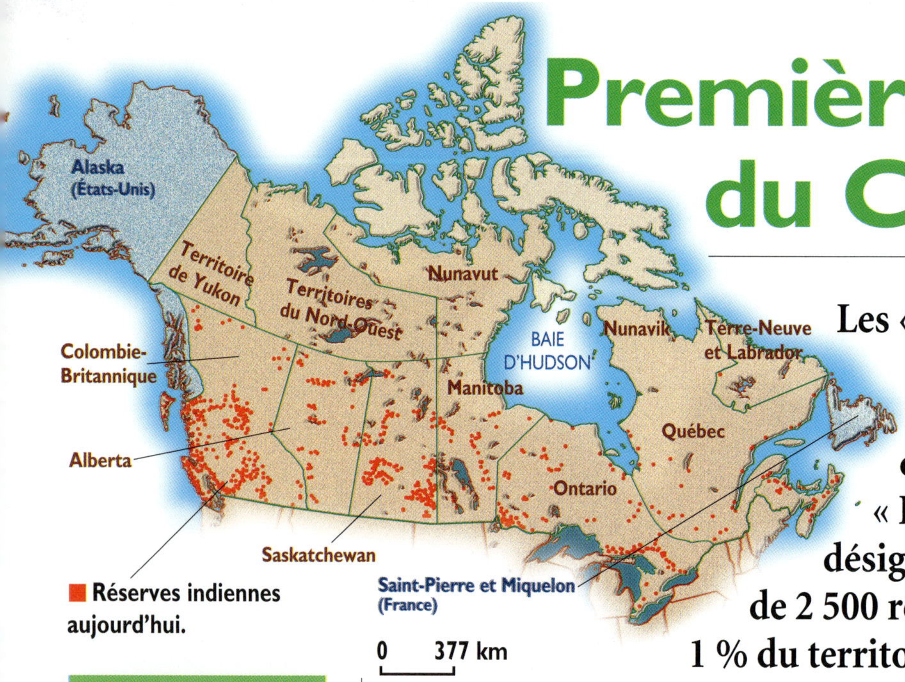

■ Réserves indiennes aujourd'hui.

Les « autochtones » (autour d'un million de personnes) sont les premiers habitants du Canada où les expressions « Première Nation » et « bande » désignent une tribu. Il y a près de 2 500 réserves ; elles occupent 1 % du territoire canadien.

Nunavut et Nunavik

Le 1er avril 1999 fut fondé le Nunavut. Découpé dans les territoires du Nord-Ouest, il s'étend sur 2 millions de km², 1/5 du territoire canadien. Ce découpage est unique, parce qu'il résulte de la volonté de ses habitants : 22 500 Inuits vivent au Nunavut. Le Nunavik (appelé aussi Nouveau-Québec) compte autour de 9 535 Inuits, répartis dans 14 villages. D'autres Inuits sont au Labrador.

Des excuses officielles

Pour la première fois en 1998, le gouvernement canadien a officiellement présenté ses excuses aux Premières Nations. Il a admis que le Canada avait maltraité les autochtones tout au long de l'histoire.

Indiens, Inuits et Métis

Le terme « Indien » s'applique à tous les autochtones du Canada qui ne sont ni inuits ni métis. La moitié de la population indienne forme des groupes de moins de 500 individus. Les Six Nations (Mohawks, Cayugas, Onéidas, Onandagas, Sénécas, Tuscaroras) totalisent à peu près 21 750 membres. Le mot métis désigne les personnes ayant des ancêtres d'origine européenne et autochtone : 210 000 personnes se considèrent métis. La population inuit s'élève à plus de 41 000 membres.

Les réserves

Les réserves regroupent 58 % des autochtones avec, parfois, de très petites communautés (12 membres). Dans la réserve des Six Nations, en Ontario, résident environ 11 100 membres, et dans celle de Peter Ballantyne, au Saskatchewan, il y en a plus de 8 000. La plupart des réserves sont rurales et isolées, quelques-unes sont installées dans des villes, comme Capilano à Vancouver, ou Kahnawake, adjacente à Montréal.

Indienne Cree en train de cuisiner avec ses enfants, en 1991.

Identité Indienne

Au Canada, le gouvernement fédéral détermine qui est Indien, par une loi de 1876. Cette loi ne s'applique pas aux Inuits. Il y a 600 bandes ou Premières Nations reconnues officiellement. Pour être membre, il faut faire partie d'une bande qui a une réserve ou qui a négocié dans le passé des traités avec le gouvernement. Ces personnes sont appelées *Status Indians* et peuvent bénéficier des programmes d'aides du gouvernement fédéral. En 1985, un amendement permit aux Indiens de définir eux-mêmes les conditions d'appartenance à leur bande : 250 Premières Nations (sur 600) choisirent cette option.

Les plus nombreux

Les Crees représentent le plus grand groupe indien du Canada avec environ 200 000 membres répartis dans 6 provinces canadiennes ; mais aussi dans la réserve Rocky Boy au Montana (États-Unis).

Les gouvernements indiens

Chaque Première Nation a son propre gouvernement composé d'un conseil et de chefs, parfois élus par voie démocratique, parfois par la voie traditionnelle. L'équivalent du BIA (États-Unis) au Canada est l'INAC (*Indian and Northern Affairs Canada*), c'est l'administration officielle des affaires indiennes.

Casse-tête linguistique

Jusqu'en 1949, les Inuits ignoraient tout du système scolaire des Blancs, hormis par les contacts avec des missionnaires. À la fin des années 1950, un réseau d'écoles fédérales s'installa ; l'enseignement se faisait en anglais. À partir de 1963, le gouvernement du Québec créa son propre réseau d'écoles provinciales. Le programme imposa l'enseignement d'abord en inuktitut (langue inuit), puis en français ou en anglais. Les deux systèmes s'affrontèrent jusqu'en 1978, où une commission inuit (appelée Kativit) prit en charge les programmes scolaires. Aujourd'hui, chaque village inuit possède son école moderne, jusqu'à la fin du secondaire.

Apprendre la survie

Le programme scolaire de Kativik (programme inuit) offre une scolarité typique des écoles canadiennes tout en préservant la culture et les coutumes ancestrales des Inuits : les écoles enseignent, par exemple, les techniques de survie en milieu arctique.

Jeunes inuits en classe, à Toktuyaktuk au Canada, en 1961.

Artistes de tous les côtés

Musiciens militants

Certaines stars de la musique, comme Keith Secola (Anishinabe), Shenandoah (Oneida), John Trudell (écrivain poète sioux), organisent des concerts afin de soutenir des causes indiennes.

Radio et TV

Trente stations radios appartenant aux Indiens émettent en anglais et en langues indiennes. KTDB-FM, au Nouveau-Mexique, première radio navajo, a été créée en 1972. Aux États-Unis, les Indiens n'ont pas de chaîne télévisée, par contre, ceux du Canada en produisent une : *Aboriginal Peoples Television Network*.

La presse indienne

La plupart des tribus ont leurs journaux comme le *Navajo Times*. L'hebdomadaire *Indian Country Today*, qui couvre les événements nationaux, est distribué dans tous les États et dans 17 pays étrangers.

La voie d'Internet

Il existe d'innombrables sites web, tel *Native American Times* (http://nativetimes.com/), faits par les Indiens, que ce soit dans le domaine de l'art, de la politique, de l'histoire. La plupart des Indiens ont accès à Internet.

Dans tous les domaines de l'art et de la communication, les Indiens sont présents. S'ils utilisent désormais les techniques modernes, ils restent très attachés aux valeurs traditionnelles de leur tribu.

Naissance de l'art moderne indien

The Studio créé par D. Dunn à Santa Fe en 1932, fut la première école d'art non traditionnel pour les Indiens.
Elle produisit des artistes célèbres, tel le sculpteur Allan Houser. À l'Institut de l'Art Indien Américain (IAIA) fondé, à Santa Fe en 1962, les étudiants se tournèrent vers l'art contemporain, libérés des images du passé.
Aujourd'hui, de nombreux artistes – les peintres Dan Lomahaftewa, Susan Stewart, Jaune Quick-To-See Smith, le sculpteur Bentley Spang – exposent dans les grands musées d'art moderne.

Du pow-wow au rap

Plusieurs maisons de disques sont spécialisées dans la musique indienne traditionnelle et moderne. En 1989, le musicien Bee du groupe XIT créa dans son garage *Sound of America Records* (SOAR), une entreprise indienne qui possède plus de 300 titres, traditionnel *(Black Lodge Singers*), rock (*Indigenous*), reggae (*Native Roots*) et rap (Russell Means). Parmi les autres grandes maisons, on peut citer : *Canyons Record* ou *Red Vinyl* qui produit Litefoot, le célèbre chanteur rap.

Litefoot est aussi acteur dans le film *Le Petit Indien dans le placard*.

Les pionniers en littérature

Les premiers écrits indiens étaient des autobiographies. En 1883, Sarah Winnemucca Hopkins – première écrivain indienne – fit entendre la voix de son peuple dans *Vie parmi les Paiutes*. Le plus célèbre auteur indien du début du XXe siècle est Charles Eastman (Sioux, 1858–1939) qui écrivit de nombreux livres pour enfants. Vivant avec les siens sous des tipis jusqu'à 15 ans, il fut ensuite envoyé dans l'école des Blancs et poursuivit ses études jusqu'à devenir médecin. Son premier livre s'intitulait *L'Enfance d'un garçon indien* (1902).

Les écrivains modernes

Jusqu'en 1968, seuls neuf romans furent publiés dont le premier, en 1854, *Joachim Murieta* de John Rollin Ridge. *Cogewea, the Half Blood*, en 1927, fut écrit par Mourning Dove, une Salish née dans un canoë en 1888, alors que ses parents traversaient une rivière en Idaho. N. Scott Momaday (Kiowa Cherokee) obtint, en 1969, le prix Pulitzer avec *La Maison de l'aube*. En 1974, James Welch (Blackfeet) fit la une des grands journaux américains avec son roman *L'Hiver dans le sang*.

James Welch et Scott Momaday.

Une réputation internationale

Certains auteurs indiens ont acquis une réputation dans le monde entier : la plupart des ouvrages de J. Welch et S. Momaday sont traduits dans de nombreuses langues dont le français.

Des programmes télévisés pour Indiens

Native American Television (NATV) n'est pas une chaîne de télévision mais une association créée en 1988 pour promouvoir les sujets télévisés concernant les Indiens.

Association de journalistes

NAJA (*The Native American Journalists Association*) est une puissante association regroupant des journalistes venus de toutes les nations indiennes.

À l'*Institute of American Indian Arts*, il y a des étudiants provenant de plus de 112 tribus différentes. Cette école offre aussi des cours par correspondance.

D'un western à l'autre

Dans le monde entier, les Indiens devinrent populaires grâce aux westerns qui présentaient une histoire de l'Amérique où les « bons » Blancs triomphent des « mauvais » Indiens. Dès la période du cinéma muet (1903-1930), les Indiens furent caricaturés ; pourtant, avec le cinéma, naquit le mythe de l'Indien.

Les premiers films

Entre 1903 et 1913, plus de 2 000 westerns muets furent produits. James Young Deer et sa femme Red Wing (Winnebagos) devinrent les premiers acteurs indiens dans *The True Heart of an Indian* (1909). Avec le cinéma parlant (1929), on demanda aux Indiens, plutôt que de parler, de grimacer et d'hurler. Des Blancs tenaient les rôles d'Indiens principaux, comme la danseuse et actrice Cyd Charisse, ou Charles Bronson, Burt Lancaster et Anthony Quinn qui incarnèrent des chefs indiens.

Une étoile sur le trottoir d'Hollywood

Jay Silverheels (Mohawk) fut le premier acteur indien (*La Flèche brisée*) à avoir, en 1979, une étoile gravée sur le fameux Trottoir de la Gloire, sur Hollywood Boulevard.

Réhabilitation des Indiens

Les années 50 marquèrent une évolution des mentalités. *La Flèche brisée* de Delmer Daves (1950) est le premier western pro-indien. John Ford, maître du western, commença à porter un regard critique sur les figures légendaires de l'Ouest, dès 1948, avec *Le Massacre de Fort-Apache* où le peu sympathique officier Thursday (Henri Fonda) est inspiré du général Custer qui méprisait les Indiens. Avec *Les Cheyennes* (1964), John Ford expliqua : « J'ai voulu montrer ici le point de vue des Indiens, pour une fois ! »

Comme à Cannes

Les meilleurs films, réalisateurs et acteurs sont récompensés lors de prestigieux festivals réservés au cinéma indien : parmi eux, l'*American Indian Film Festival*, fondé en 1979 à San Francisco.

Un monde indien plus réel

Des réalisateurs dénoncèrent les problèmes des Indiens comme le racisme avec *Willie Boy* (un jeune Indien tue le père de la jeune Blanche qu'il aime) en 1968. Dans *Soldat bleu* de Ralph Nelson 1970, le Blanc est le sauvage : le film se termine par le massacre des Cheyennes à Sand Creek en 1864. *Thunderheart* de Michael Apted (1992) traite des réserves d'aujourd'hui et de l'AIM. *Windtalkers* de John Woo (2002) rend honneur aux Navajos et à leur code secret utilisé pendant la Guerre : Adam Beach (Anishinaabe du Canada) y joue le premier rôle aux côtés de Nicolas Cage.

Les tribus stars

Les tribus « stars » au cinéma furent celles qui, historiquement, s'opposèrent aux Blancs : les Sioux sont les plus présents, puis viennent les Apaches, les Comanches, les Cheyennes et les Navajos.

Premières contestations

Dès 1911, les Indiens se plaignirent auprès du BIA pour la façon injuste et insultante qu'Hollywood avait de les décrire. Ils avaient honte, entre autres, de la façon dont leurs enfants pouvaient interpréter les Indiens du cinéma.

De gauche à droite :
***La Flèche brisée*, 1950,**
***Les Cheyennes*, 1964,**
***Le Soldat bleu*, 1970.**

Les Indiens tournent

Jay Silverheels (Mohawk) fonda en 1966 un atelier d'acteurs indiens afin de les faire connaître. Aujourd'hui, il existe des agences spécialisées pour acteurs indiens. Les Indiens se sont mis à produire et réaliser des films. En 1998, *Phoenix Arizona*, produit et réalisé par des Indiens (dont Sherman Alexie et Chris Eyre) fut distribué aux États-Unis et en Europe. *Naturally Native* (1998) de Valerie Red-Horse est le premier film produit, réalisé par des femmes indiennes et financé par une tribu (les Pequots).

***Danse avec les loups*, 1990.**

Des pow-wows pour se retrouver

La plupart des pow-wows en plein air (certains se font dans des salles) accueillent des tipis installés en cercle. Au milieu se trouve la piste centrale, cœur du pow-wow, où se déroulent les danses.

La Grand Entry

L'événement crucial d'un pow-wow est la *Grand Entry* : sur la piste centrale, les danseurs dont certains concourent pour des sommes importantes, vont apparaître. Hommes, femmes, enfants, dans leurs plus beaux costumes, s'avancent sur l'arène au son des tambours.

La célébration commence par une Danse des Vétérans, les anciens militaires. Contrairement aux autres danseurs, ils font le tour de la piste en sens inverse de celui des aiguilles d'une montre.

La cérémonie s'achève avec la *Round Dance* où tous, même les visiteurs, sont invités à danser ensemble. Traditionnellement propres aux Indiens des Plaines, les pow-wows ont aujourd'hui lieu dans tous les États-Unis .

L'origine du mot

Le mot algonquin « pauwau » des Indiens Massachusetts signifiait : « celui qui utilise la divination », c'est-à-dire l'homme-médecine ou le chaman. Les Américains généralisèrent le terme pour désigner des cérémonies avec des danses.

Les danseurs hommes

Les *fancy dancers* se reconnaissent à leurs costumes exubérants de couleurs, dont une parure dorsale en forme de soleil, garnie de grandes plumes, portée aussi par les *traditional dancers*. La danse « fancy » est la plus pétulante : les hommes avancent d'un pas relevé et énergique tout en virevoltant. Les *grass dancers* portent des empiècements et des tabliers à longues franges colorées en coton ou en laine (symbolisant les hautes herbes des prairies), et leur démarche rythmée est accompagnée de balancements d'épaules appuyés. Certains danseurs semblent connaître le secret des mouvements des herbes sous le vent.

Index

Glossaire

A - B

Adobe : brique séchée au soleil, faite en argile mélangée à de la paille, pour construire les maisons des Pueblos.
Baïdarka : canoë des Aleuts. Mot d'origine russe.
Bande : au Canada, c'est l'équivalent de la tribu.
Blason : signes distinctifs d'une famille noble, reproduits en dessin ou sculpture.

C

Caches : greniers à provisions enterrés pour conserver les aliments et les protéger du vol ou des prédateurs.
Calumet : pipe traditionnelle à long tuyau.
Camas : plante sauvage à fleurs violettes dont les bulbes sont consommés par les Indiens du Plateau.
Catlinite : pierre rouge et tendre que les Indiens trouvaient dans une mine du Minnesota. Ils s'en servaient pour confectionner les fourneaux des calumets.
Chaman : appelé aussi « homme-médecine » ou « femme-médecine ». Il est le guérisseur, le devin, celui qui sait interpréter les rêves.
Chilkat : étoffe tissée en laine des tribus du Nord-Ouest, décorée de motifs géométriques.
Clan : groupe de personnes avec des liens familiaux, même étendus.

D - E

Dentallium : petit coquillage fin et conique que les Indiens utilisent pour faire des bijoux. On en trouve aussi sur les plages normandes.
Éclaireurs : ceux qui partent en avance pour reconnaître le terrain et guider le reste de la troupe.
Épicéa : conifère que l'on trouve aussi en Europe.

F

Faiseur de tour : personnage mythologique important appelé « trickster ». Il connaît la magie, joue des tours et fait rire aux dépens des autres. Il donne les outils les plus ingénieux et les instructions les plus utiles aux humains. Il est à la fois sage et sot. (Coyote est le roi des tricksters.)

H - I

Hogan : maison typique de forme conique des Navajos.
Indien urbain : Indien vivant dans les villes.

K

Kachina : mot pueblo désignant des Esprits, ainsi que des petites sculptures en bois les représentant, dont certaines servent aussi de poupées.
Kiva : pièce cérémonielle des Pueblos se trouvant sous terre.

L

Labret : bijou que certains Indiens portaient en se perçant le dessous des lèvres.
Loge à sudation : équivalent du sauna, elle sert de lieu de purification, de réflexion.

M

Mesas: hauts plateaux dénudés, plutôt plats et arides. On y accède par des escaliers taillés dans le roc ou des échelles de cordage. Mot d'origine espagnole qui signifie « table ».
Milpas : méthode de culture des Pueblos, où les graines sont enfouies dans de petits monticules de terre.
Mocassin : chaussure en cuir souple avec une semelle en cuir rigide, souvent décorée de perles.
Mohicans : Originellement ils habitaient sur les berges de l'Hudson River, (actuel État de New York). Ils s'installèrent ensuite au Massachusetts puis au Wisconsin. La plupart y vivent encore. L'écrivain J. Fenimore Cooper a confondu les Mohicans avec les Mohegans (famille linguistique Algonquien).

N - O

Nomade : population se déplaçant d'un endroit à un autre, s'installant temporairement, au rythme des saisons. Elle occupe toujours les mêmes endroits d'une année sur l'autre.
Oumiak : embarcation des Inuits à la fois plus large et plus profonde que le kayak.

P

Pemmican : nourriture typique des nomades des Plaines, à base de viande et de graisse hachées mélangées à des baies sauvages.
Pétroglyphe : dessin symbolique sur les roches.
Potlatch : cérémonie festive où des cadeaux se distribuent entre les personnes invitées.
Pow wow : fête traditionnelle avec chants et danses où se retrouvent les membres des familles éparpillées. Presque toutes les tribus organisent des pow wows.
Pueblo : mot d'origine espagnole signifiant village. Il définit un groupe de tribus - les Pueblos - installées dans des villages dans le Sud-Ouest.

S

Sachem : appellation du chef dans les tribus de la région du Nord-Est.
Scalp : partie de la peau du crâne avec des cheveux, prise aux ennemis vaincus en signe de trophée.
Sédentaire : population qui pratique l'agriculture toute l'année et qui ne se déplace jamais.
Semi-nomade : population qui pratique l'agriculture une majeure partie de l'année dans un endroit établi, mais qui s'installe selon les saisons, comme les nomades, sur d'autres territoires pour chasser ou cueillir des plantes sauvages. Elle revient ensuite sur le lieu des productions agricoles.

T

Tomahawk : hache de guerre des Iroquois.
Totem : sculpture, souvent de grande taille, représentant des animaux ou des personnages mythiques. (Région du Nord-Ouest.)
Toundra : végétation constituée principalement d'arbustes rabougris, d'herbe, de mousse, de lichen et de petites fleurs. Région marquée par de très longs hivers et par des étés très courts.
Travois : armature en bois en forme de V semblable à une charrette, tirée par des chiens ou des chevaux.
Tribu : groupe de gens parlant une même langue et partageant un même mode de vie.
Thuya : arbre résineux géant (60 m de haut), appelé au Canada « arbre de la paix », très résistant à la pourriture.

V - W - Y

Vétérans : les vétérans sont d'anciens soldats qui ont participé à une guerre. Ils sont très respectés.
Wakan Tanka : Grand Mystère, la divinité suprême des Indiens Lakotas.
Wampum : ceinture de perles taillées dans des coquillages fins et coniques, assemblées avec des motifs dessinés. (Région du Nord-Est.)
Wigwam : maison (hutte) faite d'une armature en bois recouverte de nattes végétales, de feuilles ou de peau d'animaux.
Winkte : chez les lakotas « personne qui a deux âmes » ; ce sont les homosexuels. Ils sont considérés comme des personnes avec de grands pouvoirs et sont donc respectés.
Yucca : plante de la famille des liliacées, aux longues tiges fibreuses.